Campanhas da Fraternidade

Artêmio
Zanon

Campanhas da Fraternidade

(temas e lemas)

à luz da Bíblia e outros textos

70

CAMPANHAS DA FRATERNIDADE (TEMAS E LEMAS)
À LUZ DA BÍBLIA E OUTROS TEXTOS

AUTOR: Artêmio Zanon

DIRETOR DA ALMEDINA BRASIL: Rodrigo Mentz
EDITOR: Deonísio da Silva
ASSISTENTES EDITORIAIS: Alessandra Costa e Mary Ellen Camarinho Terroni
ASSISTENTES DE PRODUÇÃO: Larissa Nogueira e Letícia Gabriella Batista
ESTAGIÁRIA DE PRODUÇÃO: Laura Roberti

REVISÃO: Daboit Textos
CONCEPÇÃO GRÁFICA: Eduardo Faria/Officio
ACABAMENTO E FINALIZAÇÃO: Studio S Diagramação e Arte Visual

SUPERVISÃO GERAL: Deonísio da Silva e Marco Pace

ISBN: 9786554271479

Julho, 2023

Dados Internacionais de Catalogação na Publicação (CIP)
(Câmara Brasileira do Livro, SP, Brasil)

Zanon, Artêmio
Campanhas da fraternidade : (temas e lemas) :
à luz da Bíblia e outros textos / Artêmio Zanon. --
1. ed. -- São Paulo : Edições 70, 2023.

ISBN 978-65-5427-147-9

1. Cristianismo 2. Fraternidade 3. Igreja Católica I. Título.

23-155718 CDD-248.894

Índices para catálogo sistemático:
1. Fraternidade : Vida religiosa : Cristianismo
248.894
Henrique Ribeiro Soares - Bibliotecário - CRB-8/9314

O semeador de palavras, Artêmio Zanon

Este livro segue as regras do novo Acordo Ortográfico da Língua Portuguesa (1990).

EDITORA: Almedina Brasil

Rua José Maria Lisboa, 860, Conj.131 e 132, Jardim Paulista
01423-001 São Paulo | Brasil
www.almedina.com.br

Breves palavras de um *Eclesiastes** ou do Poeta

A *Campanha da Fraternidade* é uma ação realizada anualmente (no Brasil) pela Igreja Católica Apostólica Romana, no período da Quaresma.

De acordo com fontes informativas, de conhecimento geral, colhe-se que no ano de 1961, três padres responsáveis pela *Caritas* Brasileira idealizaram uma campanha para arrecadar fundos para as ações assistenciais. A atividade foi chamada *Campanha da Fraternidade* e realizada pela primeira vez na Quaresma de 1962, em Natal, no Rio Grande do Norte.

No ano seguinte, dezesseis dioceses do Nordeste realizaram a *Campanha*. Não teve êxito financeiro, mas foi o embrião de um projeto anual dos Organismos Nacionais da CNBB - Conferência Nacional dos Bispos do Brasil - e das Igrejas Particulares no Brasil, realizado à luz e na perspectiva das Diretrizes Gerais da Ação Pastoral (Evangelizadora) da Igreja no País.

Consoante as mesmas fontes, consta que o objetivo fundamental da *Campanha* é incutir solidariedade, não apenas entre os católicos, mas também despertar a sociedade brasileira diante de um "problema" específico que a envolva, orientando para a solução almejada. Desta maneira, sob a

* Do hebraico cohetet: pregador - Palavras do *Eclesiastes*, filho de Davi, rei de Jerusalém. Vaidade de vaidades, disse o *Eclesiastes*; vaidade de vaidades, tudo é vaidade. Que proveito tira o homem de todo o trabalho com que se afadiga debaixo do sol? (*Eclesiastes*, 1, 1 a 3).

responsabilidade da CNBB, ano após ano é eleito um *tema*, que resume a realidade material a ser enfrentada, e um *lema*, que norteia o rumo para a necessária transformação.

Em seu início teve destacada atuação o Secretariado Nacional de Ação Social da CNBB, sob cuja dependência estava a *Caritas* Brasileira, fundada no Brasil em 1957. Na época, o responsável pelo Secretariado de Ação Social era Dom Eugênio de Araújo Sales*, e por isso, Presidente da *Caritas* Brasileira. O fato de ser Administrador Apostólico de Natal explica que a *Campanha* tenha iniciado naquela circunscrição eclesiástica e em todo o Rio Grande do Norte.

Esse projeto foi lançado, em nível nacional, no dia 26 de dezembro de 1962, sob o impulso renovador do espírito do Concílio Vaticano II, e realizado pela primeira vez na Quaresma de 1964.

O tempo do Concílio foi fundamental para a concepção e estruturação da *Campanha da Fraternidade*, bem como o Plano Pastoral de Emergência e o Plano de Pastoral de Conjunto, para o desencadeamento da Pastoral Orgânica e outras iniciativas de renovação eclesial. Ao longo de quatro anos seguidos, por um período em cada um, os padres ficaram hospedados na mesma casa, em Roma, participando das sessões do Concílio e de diversos momentos de reunião de estudo e de troca de experiências. Nesse contexto nasceu e cresceu a *Campanha da Fraternidade*.

---

* Nasceu em Acari, Rio Grande do Norte, em 8 de novembro de 1920. Nomeado Bispo em 15 de agosto de 1954 e Arcebispo em 29 de outubro de 1968.
No consistório do dia 28 de abril de 1969, presidido pelo Papa Paulo VI, Dom Eugênio de Araújo Sales foi nomeado Cardeal, do título de São Gregório VII, do qual tomou posse solenemente no dia 30 de abril do mesmo ano. Faleceu no Rio de Janeiro, em 9 de julho de 2012.

O projeto Campanha da Fraternidade foi lançado, em nível nacional, no dia 26 de dezembro de 1963, sob o impulso renovador do Concílio Vaticano II - o XXI Concílio Ecumênico da Igreja Católica - que foi convocado no dia 25 de dezembro de 1961, através da bula *Humanæ Salutis*, pelo Papa João XXIII (nascido Ângelo Giuseppe Roncalli, em Sotto il Monte, Itália, em 25 de novembro de 1881. Exerceu o papado desde o dia 28 de outubro de 1958, até o dia 3 de junho de 1963, o de sua morte. Era da Ordem Franciscana Secular. Esse mesmo Papa inaugurou-o, no dia 11 de outubro de 1962 - é o dia comemorativo da Maternidade Divina de Maria, bem como a data aniversária da abertura do Concílio Ecumênico de Éfeso, no qual foi condenado Nestório, heresiarca do Oriente. Nesse Concílio, graças a São Cirilo de Alexandria*, elaborou-se a segunda parte da Ave-Maria: Santa Maria, Mãe de Deus, rogai por nós pecadores, agora e na hora de nossa morte. Amém.) e findou no dia 8 de dezembro de 1965, já sob o papado de Paulo VI (nascido Giovanni Battista Enrico Antônio Maria Montini, em Concesio, Itália, em 26 de setembro de 1897. Foi Papa do dia 21 de junho de 1963, até o dia 6 de agosto de 1978, o de sua morte).

De acordo com as várias fontes informativas, consta que o objetivo fundamental é incutir solidariedade, não apenas entre os católicos, mas despertar a sociedade brasileira diante de um "problema" específico que a envolva, orientando para a solução almejada. Desta maneira, sob a responsabilidade da CNBB - Conferência Nacional dos Bispos do Brasil -, ano após ano é eleito o *tema*, que resume a

---

* Nasceu em Alexandria durante o império romano entre 375 e 378 e faleceu em 27 de junho de 444.

realidade material a ser enfrentada, e o *lema* que norteia o rumo para a necessária transformação.

Três documentos conciliares foram básicos para o desenvolvimento da *Campanha da Fraternidade*: *Sacrosanctum Concilium*, sobre a liturgia; *Lumen Gentium*, sobre a natureza e missão evangelizadoras da Igreja e *Gaudium et Spes*, sobre a presença transformadora da Igreja no mundo atual.

Todo católico sabe que o amor (*Evangelhos de Mateus*, 22, 34 a 40; *de Marcos*, 12, 28 a 31 e *de João*, 13, 34 e 35) e a justiça (*Evangelho de Mateus*, 5, 6 – Bem-aventurados os que têm fome e sede da justiça, porque serão saciados), são base para a vida cristã, exigências mínimas e centrais, para que se possa conviver em fraternidade consoante as exigências pregadas por Jesus Cristo.

Desta forma, e a partir de tais aceitações, a ação da Igreja Católica visa renovar a consciência de cada um participando de uma sociedade solidária e justa.

Campanhas da Fraternidade (*temas e lemas*) *à luz da Bíblia e outros textos 1964–2023*, não é delas apenas uma notícia histórica, nem tem a menor pretensão de ser uma obra dogmática, e muito menos uma tarefa acabada e perfeita; é, isto sim, modesta contribuição – e não tenho condição de assinar a qual título –, de minha precária e limitada (con)vivência de poeta cristão movido pelos evangelizares.

Mesmo assim, e seja como for, para uma visão parcial do todo, refiro que o tempo do Concílio foi fundamental para a concepção e estruturação da *Campanha da Fraternidade* e da renovação eclesial.

Os bispos brasileiros, reunidos em Roma, começaram a arquitetar um plano de ação que pusesse em prática as determinações recebidas. Nesse clima nasceu e cresceu a *Campanha da Fraternidade* e em 20 de dezembro de 1964, os bispos aprovaram o fundamento inicial, sob o nome geral: *Campanha da Fraternidade – Pontos Fundamentais apreciados pelo Episcopado em Roma.*

Em 1965, a CNBB assumiu-a estabelecendo a estrutura basilar dela; em 1967, foram iniciados os encontros nacionais das Coordenações Nacional e Regionais e em 1970, a *Campanha da Fraternidade* ganhou especial apoio: a mensagem do Papa João Paulo VI, em rádio e televisão, quando da abertura, na quarta-feira de cinzas e a partir de 1971.

É de admitir-se que quanto a alguns *temas* e *lemas*, pela atualidade, refogem a qualquer conotação com o que há, claro e explícito, ou por analogia, na fonte de minha sede: a *Bíblia*; é por força dessa atualidade que tentei, esperando que sob o influxo da consonância e da harmonia nos alicerces, criar, à minha meditação, texto adequado, com plena consciência de incidir em risco, na esperança de que não haja o menor grão de joio em meio ao necessário e viçoso trigo, este, por metáfora, para o "pão meu de cada dia".

Afirmo que louvado na forma poética existente desde as primeiras manifestações das culturas escritas, decidi pela em que são apresentados os textos bíblicos (com algumas variações nos *versículos*), esperando que meus *versos* tenham, nos limites em que se constitui o linossigno, harmonia, ritmo e beleza, sobretudo o verdadeiro na forma posta.

Também nesta, como em outras minhas obras humanas, invocando a sabedoria dos séculos, confesso: *Feci quod potui, faciant meliora potentes – Fiz o que pude, que façam melhor quem desejar* (ou seja, literalmente, *os que puderem*).

À Divina Providência

Em memória de:

Luiz Zanon (pai)

Amabile Santina Bottega Zanon (mãe)

Lídia, José e Regina Madalena (irmãos)

Para:

Cleusa de Fátima, Ana Paula,

Flávia Cristina Zanon Larsen e
Alan Cristian Larsen

Thiago André Cenatti Zanon e
Kassielle de Souza Barichello Zanon

Lívia Cristina Zanon Larsen (neta)
Eduardo Cristian Zanon Larsen (neto)
e Helena Barichello Zanon (neta)

Sumário

TERCEIRA FASE

A Igreja Católica volta-se para situações existenciais do povo brasileiro

PRIMEIRA FASE

Em busca da renovação interna da Igreja: Renovação da Igreja

Ano de 1964*

TEMA: **Igreja em renovação**

LEMA: **Lembre-se: Você também é Igreja**

Pede-me, e eu te darei
as nações em herança,
e em teu domínio
as extremidades da terra.
(*Salmo* 2, 8)

Lembrar-se-ão e converter-se-ão ao Senhor
todos os limites da terra;
e prostrar-se-ão diante dele todas
as famílias das nações.
(*Salmo* 21, 28)

Grande é o Senhor e muito digno de louvor,
na cidade de nosso Deus.
Seu monte santo,
colina insigne,
é a alegria de toda a terra.
(*Salmo* 47, 2 e 3)

---

* Vejam-se os anos de 1977 e 2016.
Registra-se que no *Novo Testamento*, poucas palavras têm tantas acepções a respeito do que se possa entender por Igreja.

E viverá tanto como o sol
e como a lua por todas as gerações.
Descerá como a chuva sobre a relva,
como o aguaceiro que rega a terra.
Nos seus dias florescerá a justiça,
e a abundância da paz,
até que a lua deixe de existir.
(*Salmo* 71, 5 a 7)

Porquanto disseste:
"A graça está
estabelecida para sempre";
no céu estabeleceste
a tua fidelidade.
(*Salmo* 88, 3)

Porque o Senhor escolheu Sião,
desejou-a para sua habitação.
(*Salmo* 131, 13)

Vê onde pões o pé,
quando entras na casa de Deus
e aproxima-te para ouvir.
(*Eclesiastes* 4, 17)

[...] uma só é a minha pomba,
a minha perfeita,
ela é a única para sua mãe,
escolhida pela que lhe deu o ser.
(*Cântico dos Cânticos*, 6, 8)

O seu império se estenderá
cada vez mais,
e a paz não terá fim.
(*Isaias*, 9, 7)

Eis que (*todas*) as nações são
(*diante dele*) como uma gota
de água que cai de um balde,
e como um grão na balança;
as ilhas são também (*diante
dele*) como o pó miúdo.
Todos os povos na sua presença
são como se não existissem,
e ele os considera como um nada,
uma coisa que não existe.
(*Isaias*, 40, 15-7)

Ele disse-me: [...] eis que eu te restabeleci
para luz das gentes, a fim de seres
a salvação que eu envio até
a última extremidade da terra.
(*Isaias*, 49, 6)

Eu faço por ti como fiz nos dias de Noé,
a quem jurei que não mais derramaria
as águas (*do dilúvio*) sobre a terra.
(*Isaias*, 54, 9)

E virão a ti com a fronte curvada
os filhos daqueles que te humilharam,
e beijarão os vestígios dos teus passos
todos os que detraíram de ti
e chamar-te-ão a cidade do senhor.
(*Isaias*, 60, 14)

Vós sois a luz do mundo.
Não pode esconder-se
uma cidade situada
sobre um monte;
nem acendem uma lucerna,
e a põem debaixo do alqueire,
mas sobre o candeeiro,
a fim de que ela dê luz
a todos os que estão em casa.
(*Evangelho de Mateus*, 5, 14-5)

[...] e sobre esta pedra edificarei
a minha Igreja, e as portas do inferno
não prevalecerão contra ela.
(*Evangelho de Mateus*, 16,18)

[...] ensinai a todas as gentes,
batizando-as em nome
do Pai, do Filho
e do Espírito Santo, [...] e eis que eu
estou convosco todos os dias,
até ao fim do mundo.
(*Evangelho de Mateus*, 28, 19 e 20)

[...] e o seu reino
não terá fim.
(*Evangelho de Lucas*, 1, 38)

Tenho também outras ovelhas
que não são deste aprisco;
e importa que as traga,
e elas ouvirão a minha voz,
e haverá um só rebanho
e (*haverá*) um só pastor.
(*Evangelho de João*, 10, 16)

Um pouco,
e já me não vereis;
e outra vez
um pouco, e ver-me-eis,
porque vou para o Pai.
Que é isto,
que ele nos diz:
Um pouco,
e já me não vereis,
e outra vez um pouco,
e ver-me-eis,
porque vou para o Pai?
(*Evangelho de João*, 16, 16-7)

[...] Cristo é a cabeça da Igreja,
seu corpo, do qual
ele é o Salvador.
Este mistério é grande,
mas eu o digo em relação
a Cristo e a Igreja.
(*Epístola aos Efésios*, 5, 23 a 32)

[...] ele é a cabeça
do corpo da Igreja,
e é o princípio [...],
ele tem a primazia
em todas as coisas.
(*Epístola aos Colossenses*, 1, 18)

Escrevo-te estas coisas [...]
para que saibas como
deves portar-te
na casa de Deus,
que é a Igreja de Deus vivo,
coluna e firmamento da verdade.
(*Primeira Epístola a Timóteo*, 3, 14-5)

Atendei a vós mesmos
e a todo o rebanho,
sobre que o Espírito Santo vos constitui bispos,
para governardes a igreja de Deus,
que ele adquiriu com o seu próprio sangue.
(*Atos dos Apóstolos*, 20, 28).

Ano de 1965

TEMA: **Paróquia em renovação**

LEMA: **Faça de sua paróquia uma comunidade de fé, culto e amor**

E Noé edificou um altar ao Senhor [...].
(*Gênesis*, 8, 20)

E Melquisedec, rei de Salém,
(*Jerusalém*), trazendo pão e vinho,
porque era sacerdote
do Deus Altíssimo, o abençoou [...].
(*Gênesis*, 14,18)

Abraão levantou os olhos,
e viu atrás de si um cordeiro
preso pelos chifres entre os espinhos [...].
(*Gênesis*, 22, 13)

E, imoladas as vítimas
sobre o monte,
convidou seus irmãos
para comer pão.
(*Gênesis*, 31, 34)

Ele Arão queimará sobre ele
(*o altar*) todas as manhãs
um incenso de suave fragrância.
(*Êxodo*, 30, 7)

Tomarás também flor de farinha,
e cozerás dela doze pães [...].
(*Levítico*, 24, 5)

Tu és sacerdote eternamente,
segundo a ordem de Melquisedec.
(*Salmo* 109, 4)

[...] desta hora em diante não beberei
mais deste fruto da videira
até aquele dia, em que o beberei
novo convosco no reino de meu Pai.
(*Evangelho de Mateus*, 26, 29)

Ide, mostrai-vos aos sacerdotes.
(*Evangelho de Lucas*, 17, 14)

Tenho desejado ardentemente
comer convosco esta Páscoa,
antes de sofrer.
(*Evangelho de Lucas*, 22, 15)

[...] tendo constituído para cada Igreja presbíteros,
depois de terem feito oração e jejuado,
encomendaram-nos ao Senhor,
em quem tinham crido.
(*Atos dos Apóstolos*, 14, 23)

[...] e vós também como pedras vivas,
sede edificados sobre ele (*para ser*)
casa espiritual, sacerdócio santo,

para oferecer sacrifícios espirituais,
agradáveis a Deus, por Jesus Cristo.
(*Primeira Epístola de Pedro*, 2, 5)

[...] e nos fez sermos reino
e sacerdotes para Deus seu Pai;
a ele glória, e império
pelos séculos dos séculos. Amém.
(*Apocalipse de João*, 1, 6)

No aprisco paroquial,
somos o rebanho de Deus
na fé; no amor fraternal,
bem mais que irmãos, filhos seus.
(*Artêmio Zanon*)

Ano de 1966

TEMA: Fraternidade

LEMA: Somos responsáveis uns pelos outros

E o Senhor disse a Caim:
Onde está teu irmão Abel?
E ele respondeu:
Não sei. Porventura
sou eu o guarda
de meu irmão?
E o Senhor disse-lhe:
Que fizeste?
(*Gênesis*, 4, 9 e 10)

[...]. Peço-te que não haja contendas
entre mim e ti,
nem entre os meus pastores
e os teus pastores,
porque somos irmãos.
(*Gênesis*, 13, 8)

[...] Acaso, porque és meu irmão,
me servirás de graça?
Dize-me que paga queres.
(*Gênesis*, 29, 15)

[...]. Tua Mãe
e teus irmãos
estão ali fora e desejam falar-te.
(*Evangelho de Mateus*, 12, 47)

Senhor, queres tu que digamos
que desça fogo do céu,
que os consuma? [...].
Vós não sabeis
de que espírito sois.
O Filho do homem não veio
para perder as vidas dos homens,
mas para as salvar.
(*Evangelho de Lucas*, 9, 55-6)

Um homem descia
de Jerusalém para Jericó
e caiu nas mãos dos ladrões,
que o despojaram (*do que levava*);
e, tendo-lhe feito feridas,
retiraram-se, deixando-o meio morto.
Mas um samaritano,
que ia a seu caminho,
chegou perto dele;
e quando o viu,
moveu-se de compaixão.
(*Evangelho de Lucas*, 10, 30-3)

Então creu também o mesmo Simão;
e, tendo-se batizado, ligou-se a Felipe.
(*Atos dos Apóstolos*, 8, 13)

[...] acompanhados pela Igreja,
iam passando pela Fenícia
e pela Samaria, contando
a conversão dos Gentios,
e davam grande contentamento
a todos os irmãos.
(*Atos dos Apóstolos*, 15, 3)

Ano de 1967*

TEMA: Corresponsabilidade
LEMA: Somos todos iguais, somos todos irmãos**

[...]. Disse, pois, Abrão a Lot:
Peço-te que não haja contenda entre mim e ti,
entre os meus pastores e os teus pastores,
porque somos irmãos.
(*Gênesis*, 13, 8)

[...] ela é verdadeiramente minha irmã,
(*como*) filha de meu pai, (*embora*)
não (seja) filha de minha mãe
[...] em qualquer lugar onde entrarmos,
dirás que eu sou teu irmão.
(*Gênesis*, 20, 12-3)

[...]. Ouvidos os motivos da sua viagem, respondeu:
tu és o meu osso e a minha carne.
Passado um mês, disse-lhe:
Acaso porque és meu irmão,
me servirás de graça?
Dize-me que paga mereces?
(*Gênesis*, 29, 13-5)

---

* Vejam-se os anos de 1974, 1986 e 2018.

** Em nota de rodapé, ao versículo 8, do capítulo 13, de *Gênesis*, lê-se: [...]. Entre os hebreus chamavam-se irmãos todos os parentes, faltando a essa língua a palavra parentes para designar tais pessoas.

[...]. Vai e vê se tudo corre bem a teus irmãos, [...].
(*Gênesis*, 37, 14)

E José, porém, disse a seus irmãos
e a toda a família de seu pai. [...].
(*Gênesis*, 46, 31)

Naqueles dias,
sendo Moisés já grande,
saiu a visitar seus irmãos;
e viu sua aflição,
e um homem [...]
que maltratava um dos [...]
seus irmãos.
(*Êxodo*, 2, 11)

Ora, o rei Assuero [...],
e de que modo Mardoqueu,
judeu de nação,
chegou a ser o segundo depois de Assuero,
como foi grande entre os judeus,
e amado pela multidão de seus irmãos, [...].
(*Ester*, 10, 1 a 3)

Que é o homem,
e para que presta ele?
E que bem ou que mal
pode ele fazer?
O número dos dias do homem,
quando muito, são cem anos,
mas, qual gota de água no mar,

ou grão de areia,
assim são estes poucos anos
comparados com a eternidade.
(*Eclesiástico*, 18, 7 e 8)

Os irmãos são um auxílio no tempo da tribulação; [...].
(*Eclesiástico*, 40, 24)

[...] digo-vos que todo aquele
que se irar contra seu irmão,
será submetido ao juízo do tribunal.
O que chamar raca a seu irmão,
será condenado no conselho.
O que lhe chamar louco,
será condenado ao fogo da geena.
(*Evangelho de Mateus*, 5, 22)

E por que vês tu a aresta
no olho de teu irmão,
e não vês a trave
no teu olho?
(*Evangelho de Mateus*, 7, 13)

Estando Ele ainda a falar ao povo,
eis que sua Mãe e seus irmãos se
achavam fora, desejando falar-lhes.
(*Evangelho de Mateus*, 12, 46)

Mas vós não vos façais chamar Rabi,
por que um só é o vosso Mestre,
e vós sois todos irmãos.
(*Evangelho de Mateus*, 23, 8)

[...] o que fizer
a vontade de Deus,
esse é meu irmão,
e minha irmã.
(*Evangelho de Marcos*, 3, 35)

[...], mas eu roguei por ti,
para que a tua fé não desfaleça,
e tu, uma vez convertido,
conforta os teus irmãos.
(*Evangelho de Lucas*, 22, 32)

Declaro-vos, irmãos, [...];
que foi visto por Cefas e depois pelos onze;
que a seguir, foi visto por mais de quinhentos irmãos, [...].
(*Primeira Epístola de Paulo aos Coríntios*, 15, 1 e 9)

[...] o que santifica,
e os que são santificados,
vêm todos de um só.
Por esta causa não se envergonha
de lhes chamar irmãos.
Anunciarei o teu nome
aos meus irmãos, louvar-te-ei
no meio da assembleia (*dos meus irmãos*).
(*Epístola aos Hebreus*, 2, 11)

Que aproveitará, irmãos meus,
se alguém diz que tem fé,
e não tem obras?
Porventura poderá salvá-lo tal fé?
Se um irmão ou uma irmã
estiverem nus
e precisarem do alimento cotidiano,
e alguém de vós lhe disser:
Ide em paz,
aquecei-vos e saciai-vos,
porém não lhes der as coisas
necessárias ao corpo,
de que lhes aproveitará?
Assim também a fé,
se não tiver obras,
é morta em si mesma.
(*Epístola de Tiago*, 2, 15-7)

Ano de 1968

TEMA: **Doação**

LEMA: **Crer com as mãos**

E disse: Eis que Adão
se tornou como um de nós,
conhecendo o bem e o mal;
agora pois (*expulsemo-lo do paraíso*),
para que não suceda
que ele estenda a sua mão,
e tome também da árvore
da vida, e coma,
e viva eternamente.
(*Gênesis*, 3, 22)

[...] o anjo do Senhor disse-lhe:
volta para a tua senhora,
e humilha-te debaixo da sua mão.
[...] a sua mão (*se levantará*)
contra todos, e as mãos de todos
(*se levantarão*) contra ele [...].
(*Gênesis*, 16, 9 e 12)

[...] a tua mão
estará sobre as cervizes
de teus inimigos.
(*Gênesis*, 49, 8)

O seu arco apoiou-se no forte;
e as cadeias de seus braços
e das suas mãos
foram quebradas
pela mão do (*Deus*) poderoso [...].
(*Gênesis*, 49, 24)

Estende a tua mão,
e pega-lhe pela cauda.
Estendeu a mão, e pegou-lhe,
e transformou-se numa vara.
(*Êxodo*, 4, 4)

Mete a tua mão no teu seio.
E, metendo-a no seio,
tirou-a leprosa (*branca*),
como a neve.
Torna a meter, disse (*o Senhor*),
a tua mão no teu seio.
Tornou a metê-la,
e tirou-a de novo,
e era semelhante à outra carne.
(*Êxodo*, 4, 6)

[...] levanta a tua vara,
e estende a tua mão
sobre o mar [...].
Estende a tua mão
sobre o mar [...].
(*Êxodo*, 14, 16 e 26)

[...] desde menino
se tinha exercitado nas virtudes,
estendendo as mãos,
orava por todo o povo [...].
(*Livro Segundo dos Macabeus*, 15, 13)

Ele tem a pá na sua mão,
e limpará bem a sua eira,
e recolherá o seu trigo no celeiro.
(*Evangelho de Mateus*, 3, 12)

[...] vem, põe a tua mão
sobre ela, e viverá.
(*Evangelho de Mateus*, 9, 18)

[...] ele entrou e tomou-a pela mão,
e a menina levantou-se.
(*Evangelhos de Mateus*, 9, 25 e *de Lucas*, 8, 55)

E eis (*que apareceu*) um homem,
que tinha seca uma das mãos.
Então disse ao homem:
Estende a tua mão.
E ele estendeu-a,
e ela tornou-se sã como a outra.
(*Evangelhos de Mateus*, 12, 9 a 13;
de Marcos, 3, 1 a 6 e *de Lucas*, 6, 6 a 10)

E, estendendo a mão
para seus discípulos disse:
Eis minha mãe
e meus irmãos.
(*Evangelho de Mateus*, 12, 49)

O comer, porém, com as mãos
por lavar não mancha o homem.
(*Evangelho de Mateus*, 15, 20)

[...] se a tua mão [...] te escandaliza,
corta-a e lança-a fora de ti;
melhor te é entrar na vida
com uma mão a menos,
do que tendo duas mãos,
ser lançado no fogo eterno.
(*Evangelho de Mateus*, 18, 8)

Então lhe foram apresentados
vários meninos, para que lhes
impusesse as mãos e orasse.
E tendo-lhes imposto as mãos, partiu [...].
(*Evangelho de Mateus*, 19, 13)

E (*Jesus*), aproximando-se
e tomando-a pela mão, levantou-a;
e imediatamente a deixou a febre,
e ela pôs-se a servi-los.
(*Evangelho de Marcos*, 1, 31)

E Jesus, compadecido dele,
estendeu a mão,
e, tocando-o, disse-lhe:
Quero; sê limpo.
(*Evangelho de Marcos*, 1, 41 e 5, 13)

[...] vem, impõe sobre ela a mão,
para que seja salva, e viva.
(*Evangelho de Marcos*, 5, 23)

[...] Jesus, tomando-o pela mão,
levantou-o, e ele ergueu-se.
(*Evangelho de Marcos*, 9, 26)

[...] imporão as mãos
sobre os enfermos
e serão curados.
(*Evangelho de Marcos*, 16, 18)

[...] a mão do Senhor era com ele.
(*Evangelho de Lucas*, 1, 66)

[...] passando (*Jesus*) pelas searas,
os seus discípulos colhiam espigas,
e, machucando-as com as mãos,
as comiam.
(*Evangelho de Lucas*, 6, 1)

[...] Jesus, pegando no homem pela mão,
curou-o e mandou-o embora.
(*Evangelho de Lucas*, 14, 4)

Pai, nas tuas mãos,
encomendo o meu espírito.
(*Evangelho de Lucas*, 23, 46)

Olhai para as minhas mãos [...]
mostrou-lhes as mãos [...].
(*Evangelho de Lucas*, 24, 39-40)

[...] e, levantando as suas mãos,
os abençoou.
(*Evangelho de Lucas*, 24, 50)

O Pai ama o Filho,
e pôs todas as coisas
na sua mão.
(*Evangelho de João*, 3, 35)

E, dito isto,
mostrou-lhes as mãos
e o lado.
(*Evangelho de João*, 20, 20)

Mete aqui o teu dedo,
e vê as minhas mãos,
aproxima também a tua mão,
e mete-a no meu lado;
e não sejas incrédulo,
mas fiel.
(*Evangelho de João*, 20, 27)

Ano de 1969*

TEMA: **Descoberta**

LEMA: **Para o outro, o próximo é você**

Aquele que é amigo, é-o em todo o tempo;
e o irmão conhece-se nas aflições.
(*Provérbios*, 17, 17)

Todo o animal
ama o seu semelhante;
assim também todo o homem
ama o seu próximo.
(*Eclesiástico*, 13, 19)

A misericórdia do homem
tem por objeto o seu próximo;
porém a misericórdia de Deus
estende-se a toda a carne*
[*a todo o ser vivo].
(*Eclesiástico*, 18, 12)

Ama a teu próximo,
e une-te a ele com lealdade.
(*Eclesiástico*, 27, 18 a 22)

Perdoa ao teu próximo que te ofendeu,
e então, quando pedires,
ser-te-ão perdoados os pecados.
(*Eclesiástico*, 28, 2)

---

* Veja o ano de 1983.

Ouvistes que foi dito:
Amarás o teu próximo,
e aborrecerás
o teu inimigo.
Sede, pois, perfeitos,
como também vosso
Pai celestial é perfeito.
(*Evangelho de Mateus*, 5, 43-8)

Mas digo-vos a vós outros, que me ouvis:
Amai a vossos inimigos,
fazei bem aos que vos tem ódio
(*Evangelho de Lucas*, 6, 27)

Amarás o Senhor teu Deus
com todo o teu coração,
e com toda a tua alma,
e com todas as tuas forças,
e com todo o teu entendimento
e o teu próximo
como a ti mesmo.
E quem é o meu próximo:
É quem usa de misericórdia [...].
(*Evangelho de Lucas*, 10, 25 a 37)

[...]. Mas ele, querendo justificar-se,
disse a Jesus: E quem é o meu próximo?
[...]. Qual destes três te parece
que foi o próximo daquele
que caiu nas mãos dos ladrões?
Ele respondeu:

O que usou com ele de misericórdia.
Então Jesus disse-lhe:
Vai e faze tu o mesmo.
(*Evangelho de Lucas*, 10, 28 a 37)

Porque Deus tanto amou o mundo
que deu o seu Filho Unigênito,
para que todo o que nele crer não pereça,
mas tenha a vida eterna.
(*Evangelho de João*, 3, 16)

Dificilmente haverá alguém que morra por um justo,
embora pelo homem bom
talvez alguém tenha coragem de morrer.
Mas Deus demonstra seu amor por nós:
Cristo morreu em nosso favor
quando ainda éramos pecadores.
(*Epístola aos Romanos*, 5, 7 e 8)

A ninguém devais coisa alguma,
a não ser o amor mútuo;
porque aquele que ama o próximo,
cumpriu a lei.
(*Epístola aos Romanos*, 13, 8)

O amor é paciente, o amor é bondoso.
Não inveja, não se vangloria, não se orgulha.
Não maltrata, não procura seus interesses,
não se ira facilmente, não guarda rancor.
O amor não se alegra com a injustiça,

mas se alegra com a verdade.
Tudo sofre, tudo crê, tudo espera, tudo suporta.
(*Primeira Epístola aos Coríntios*, 13, 4 a 6)

Mas, quando, da parte de Deus, nosso Salvador,
se manifestaram a bondade e o amor pelos homens,
não por causa de atos de justiça por nós praticados,
mas devido à sua misericórdia,
ele nos salvou pelo lavar regenerador
e renovador do Espírito Santo,
que ele derramou sobre nós generosamente,
por meio de Jesus Cristo, nosso Salvador.
(*Epístola de Paulo a Tito*, 3, 4 a 6)

Sobretudo, amem-se sinceramente uns aos outros,
porque o amor perdoa muitíssimos pecados.
(*Primeira Epístola de Paulo*, 4, 8)

Nisto conhecemos o que é o amor:
Jesus Cristo deu a sua vida por nós,
e devemos dar a nossa vida por nossos irmãos.
(*Primeira Epístola de João*, 3, 16)

Foi assim que Deus manifestou o seu amor entre nós:
enviou o seu Filho Unigênito ao mundo,
para que pudéssemos viver por meio dele.
(*Primeira Epístola de João*, 4, 19)

Ano de 1970

TEMA: **Participação**
LEMA: **Ser cristão é participar**

Não sejas preguiçoso em visitar os enfermos,
porque é assim que tu te fortificarás na caridade.
(*Eclesiástico*, 7, 39)

Ele é o Ungido
e seu nome é Jesus.
(*Evangelhos de Mateus*, 1, 21 e de *Lucas*, 1, 31)

Encontramos o Messias
(*que quer dizer O Cristo*).
(*Evangelho de João*, 1, 41)

Se alguém me serve, siga-me;
e onde eu estou,
estará ali também o que me serve.
Se alguém me servir,
meu Pai o honrará.
(*Evangelho de João*, 12, 26)

[...] e me sereis testemunhas
em Jerusalém e em toda
a Judeia e na Samaria,
e até as extremidades da terra.
(*Atos dos Apóstolos*, 1, 8)

[...] passaram eles (*Barnabé e Paulo*)
um ano inteiro,
e instruíram uma grande multidão,
de maneira que em Antioquia
é que foi dado pela primeira vez
aos discípulos o nome de cristãos.
(*Atos dos Apóstolos*, 11, 26)

Então Agripa disse a Paulo:
Por pouco me não persuades
a fazer-me cristão.
(*Atos dos Apóstolos*, 26, 28)

Quanto ao mais, irmãos,
alegrai-vos, sede perfeitos, admoestai-vos,
tende um mesmo sentimento, tende paz,
e o Deus da paz e da caridade
será convosco.
Saudai-vos uns aos outros
em ósculo santo.
(*Segunda Epístola aos Coríntios*, 13, 11-2)

Vós, pois, já não sois hóspedes,
nem adventícios,
mas sois concidadãos dos santos
e membros da família de Deus [...].
(*Epistola aos Efésios*, 2, 19)

Porém, se andamos na luz,
como ele também está na luz,
temos comunhão recíproca [...].
(*Primeira Epístola de João*, 1, 7)

Quem diz que está nele,
deve também andar como ele andou.
(*Primeira Epístola de João*, 2, 6)

Ano de 1971

TEMA: Reconciliação
LEMA: Reconciliar

Ajuda-nos, ó Deus, nosso Salvador,
e pela glória do teu nome, Senhor,
livra-nos e perdoa os nossos pecados,
por amor do teu nome.
(*Salmo* 78, 9)

[...]. Perdoa-nos as nossas ofensas
assim como nós perdoamos aos que nos têm ofendido.
Porque, se vós perdoardes aos homens as suas ofensas,
também vosso Pai celeste vos perdoará.
(*Evangelho de Mateus*, 6, 11-4)

[...] se teu irmão pecar contra ti,
vai, e corrige-o
entre ti e ele só.
Se te ouvir,
ganhaste o teu irmão.
(*Evangelho de Mateus*, 18, 15)

Senhor, até quantas vezes
poderá pecar meu irmão,
contra mim,
que eu lhe perdoe?
Até sete vezes?

Jesus respondeu-lhe:
Não te digo que até sete vezes,
mas até setenta vezes sete.
(*Evangelho de Mateus*, 18, 21-2)

Se quando éramos inimigos de Deus
fomos reconciliados com Ele
mediante a morte de seu Filho,
quanto mais agora,
tendo sido reconciliados,
seremos salvos por sua vida!
(*Epístola de Paulo aos Romanos*, 5, 10).

[...], quando fui ter convosco, irmãos,
anunciar-vos o testemunho de Cristo,
não fui com sublimidade de estilo ou de sabedoria.
Porque julguei não dever saber coisa alguma
entre vós senão a Jesus Cristo, e este crucificado.
E estive entre vós,
com franqueza, temor e grande tremor;
a minha conversação e a minha pregação
não consistiram em palavras persuasivas
da humana sabedoria, mas na manifestação
do espírito e da virtude (*de Deus*).
(*Primeira Epístola aos Coríntios*, 2, 1 a 4)

Logo, nós desempenhamos
as funções de embaixadores por Cristo, [...].
Por Cristo vos rogamos, reconciliai-vos com Deus.
(*Segunda Epístola aos Coríntios*, 5, 20)

Quanto ao mais, irmãos,
alegrai-vos, sede perfeitos,
admoestai-vos, tendo um mesmo sentimento,
tende paz, e o Deus da paz e da caridade será convosco.
Saudai-vos uns aos outros em ósculo santo.
(*Segunda Epístola aos Coríntios*, 13, 11-2)

Sejam bondosos e compassivos uns para com os outros,
perdoando-se mutuamente,
assim como Deus vos perdoou em Cristo.
(*Epístola de Paulo aos Efésios*, 4, 32)

Vós, pois, como escolhidos de Deus,
santos e amados,
revesti-vos de entranhas de misericórdia,
de benignidade, de humildade,
de modéstia, de paciência,
sofrendo-vos uns aos outros
e perdoando-vos mutuamente [...].
(*Epístola aos Colossenses*, 3, 12-3)

Se alguém disser: – eu amo a Deus
– e odiar o seu irmão,
é um mentiroso.
Aquele que não ama o seu irmão,
a quem vê,
como pode amar a Deus,
a quem não vê?

Temos de Deus este mandamento:
que aquele que ama a Deus,
ame também o seu irmão.
(*Primeira Epístola de João*, 4, 20-1)

Eis-me aqui, meu Senhor, o mais contrito
Dos vossos filhos, neste humano vale,
Prostrado humildemente e não me cale
Se a outrem vós também ouvis aflito.

Nada de mim se tenha em falso grito
E nem por chama fátua que propale
A pouca luz, mas a alma me assinale
O vosso sangue ardente neste rito.

Se no passado o feito é sem valia,
Junto a vós busco bem mais que perdão
Que do pecado o peso me alivia,

Qual filho pródigo, também do irmão,
Na mesma casa, peço que este dia
Seja o da nossa reconciliação.

(*Artêmio Zanon*, 23-11-2003)

Ano de 1972

TEMA: **Serviço e vocação**
LEMA: **Descubra a felicidade de servir**

E ouvi a voz do Senhor que dizia:
Quem enviarei eu?
e quem irá por nós?
Então disse eu:
Aqui me tens, envia-me.
(*Isaías*, 6, 8)

Eu sou o Senhor,
que te chamei na justiça,
tomei-te pela mão, conservei-te
e te pus para seres a reconciliação
do povo e a luz das nações;
para abrires os olhos dos cegos,
para tirares da cadeia o preso,
e do cárcere os que estão sentados nas trevas.
(*Isaías*, 42, 6 e 7)

[...] tudo o que vós quereis
que os homens vos façam,
fazei-o vós também a eles,
porque esta é a lei [...].
(*Evangelho de Mateus*, 7, 12)

[...] o meu jugo é suave,
e o meu peso leve.
(*Evangelho de Mateus*, 11, 30)

Se alguém quer ser o primeiro,
será o último de todos
e o servo de todos.
(*Evangelho de Marcos*, 9, 34)

[...] e quem vos der um copo
de água em meu nome [...]
em verdade vos digo que não
perderá a sua recompensa.
(*Evangelho de Marcos*, 9, 40)

[...] muitos dos primeiros
serão os últimos
e (*muitos*) dos últimos
serão os primeiros.
(*Evangelho de Marcos*, 10, 31)

[...] entre vós não deve ser assim,
mas o que quiser ser o maior,
será vosso ministro;
e o que entre vós
quiser ser o primeiro,
será servo de todos.
(*Evangelho de Marcos*, 10, 43-4)

Dai, e dar-se-vos-á;
[...] com a mesma medida
com que medirdes

(para os outros), será
medido para vós.
(*Evangelho de Lucas*, 6, 38)

Fazei tudo
o que ele
vos disser.
(*Evangelho de João*, 2, 5)

Se alguém me serve,
siga-me;
e onde eu estou,
estará ali também
o que me serve.
Se alguém me servir,
meu Pai o honrará.
(*Evangelho de João*, 12, 26)

[...] eu deixo-vos o exemplo,
para que, como eu vos fiz,
assim façais vós também.
(*Evangelho de João*, 13, 18)

Somente cada um proceda
conforme o Senhor lhe deu,
e cada um conforme Deus o chamou (*à fé*).
É assim que eu ensino em todas as igrejas.
(*Primeira Epístola aos Coríntios*, 7, 17)

Vós, irmãos, fostes chamados à liberdade;
convém somente que não façais desta liberdade
um pretexto para viver segundo a carne,

mas servi-vos uns aos outros
pela caridade do Espírito,
porque toda a lei se encerra nesta palavra:
"Amarás o teu próximo como a ti mesmo".
Se vós, porém, vos mordeis
e vos devorais uns aos outros,
vede não vos consumais uns aos outros.
(*Epístola aos Gálatas*, 5, 13-5)

Irmãos, se algum homem for surpreendido
em algum delito, vós, que sois espirituais,
admoestai-o com espírito de mansidão;
refletindo cada um sobre si mesmo,
não caia também em tentação.
Levai os fardos uns dos outros [...].
(*Epístola aos Gálatas*, 6, 1 e 2)

Rogo-vos, pois, eu, o prisioneiro no Senhor,
que andeis de um modo digno da vocação
a que fostes chamados,
com toda a humildade e mansidão,
com paciência, suportando-vos uns aos outros
por caridade, solícitos em conservar
a unidade do espírito pelo vínculo da paz.
(*Epístola aos Efésios*, 4, 1 a 3)

Mas tu, ó homem de Deus,
foge destas coisas e segue a justiça, a piedade,
a fé, a caridade, a paciência, a mansidão.
Combate o bom combate da fé,
conquista a vida eterna,

para a qual foste chamado e fizeste
uma bela confissão diante de muitas testemunhas.
(*Primeira Epístola a Timóteo*, 6, 11-2)

Ora, vós aplicando todo o cuidado,
juntai à vossa fé a virtude,
à virtude a ciência,
à ciência a temperança,
à temperança a paciência,
à paciência a piedade,
à piedade o amor fraterno,
ao amor fraterno a caridade.
(*Segunda Epístola de Pedro*, 1, 5 a 7)

SEGUNDA FASE:

A Igreja Católica preocupa-se com a realidade social do povo, denunciando o pecado social e promovendo a justiça

(*Concílio Vaticano II, Conferência de Medellín e Conferência de Puebla*)

Ano de 1973*

TEMA: Fraternidade e libertação

LEMA: O egoísmo escraviza, o amor liberta

Amarás ao Senhor teu Deus
de todo o teu coração,
e de toda a tua alma,
e com toda a tua força.
E estas palavras [...]
as atarás à tua mão
como um sinal, e elas
estarão como um frontal
diante dos teus olhos [...].
(*Deuteronômio*, 6, 5 a 8)

[...] tu amas tudo o que existe,
e não aborreces nada do que fizeste;
[...] se tivesses odiado alguma coisa,
não a terias estabelecido nem criado.
(*Livro da Sabedoria*, 11, 25)

Todo o animal ama ao seu semelhante;
assim também todo o homem ama ao seu próximo.
(*Eclesiástico*, 13, 19)

* Ver ano de 2021.

Deus criou o homem desde o princípio,
e deixou-o na mão do seu próprio juízo.
Deu-lhe mais os seus mandamentos
e os seus preceitos.
[...]. Ele pôs diante de ti a água e o fogo;
lança a tua mão ao que quiseres.
Diante do homem estão
a vida e a morte, o bem e o mal;
o que lhe agradar, isso lhe será dado.
(*Eclesiástico*, 15, 14-7)

[...] se amais (*somente*) os que vos amam,
que recompensa haveis de ter?
(*Evangelho de Mateus*, 5, 44)

Amarás o teu próximo
como a ti mesmo.
(*Evangelho de Mateus*, 22, 37)

Um novo mandamento vos dou:
que vos ameis uns aos outros;
assim como eu vos amei a vós,
que também vós vos ameis uns aos outros.
(*Evangelho de João*, 13, 34)

[...]. Infeliz homem eu, quem me livrará
do corpo desta morte?
(*Epístola de Paulo aos Romanos*, 7, 25)

E para livrar aqueles que pelo temor da morte
estavam em escravidão toda a vida.
(*Epístola de Paulo aos Hebreus*, 2, 15)

Ano de 1974

TEMA: Reconstruir a vida

LEMA: Onde está o teu irmão?*

Vida, em Latim *vita*, *-ae*, substantivo feminino, em sentido próprio vida em oposição a *mors*, *mortis*: morte, falecimento, em *Filípicas* (5, 48), de Cícero e também do mesmo filósofo, em *Tusculanae* (1, 50) e em *In Vatinium* (24), de acordo com Tácito, em *Anais* (2, 88). Em sentido figurado: maneira de viver, subsistência, recursos, como se encontra em *Trinummus* (477), de Plauto; ou significando a vida em si, a realidade, em *Tusculanae* (4, 45). Pode também significar um ou o modo de vida, a condição ou o estado humano em si, é o que se depreende do que se encontra em *Pro Róscio Amerino* (48), de Cícero.

Deixando registrado que a palavra *vida*, consoante as acepções mencionadas, na *Bíblia* aparece dezenas e dezenas de vezes, de minha aparte, para o proposto, fico no que segue.

Onde está teu irmão Abel?
(*Gênesis*, 4, 9)

Faze-me esta graça:
em qualquer lugar onde entrarmos
dirás que eu sou teu irmão.
(*Gênesis*, 20, 13)

---

* Veja-se o substantivo irmão, ano de 2023.

Naqueles dias, sendo Moisés já grande,
saiu a visitar seus irmãos.
(*Êxodo*, 2, 11)

Choro por ti, ó meu irmão Jônatas [...].
Eu amava-te como uma mãe
ama o seu filho único.
(*Livro Segundo dos Reis*, 1, 26)

Vós sois meus irmãos,
o meu osso
e a minha carne.
(*Livro Segundo dos Reis*, 19, 12)

[...] todo aquele que se irar
contra seu irmão,
será condenado em juízo.
(*Evangelho de Mateus*, 5, 22)

Não estão aqui entre nós
também suas irmãs?
(*Evangelho de Mateus*, 6, 3)

E por que vês tu a aresta
no olho de teu irmão,
e não vês a trave no teu olho?
(*Evangelho de Mateus*, 7, 3)

[...] o que fizer a vontade de Deus,
esse é meu irmão, [...].
(*Evangelho de Marcos*, 3, 35)

Anunciarei o teu nome
aos meus irmãos.
(*Epístola de Paulo aos Hebreus*, 2, 12)

Que aproveitará, irmãos meus,
se alguém diz que tem fé,
e não tem obras?
[...] a fé, se não tiver obras,
é morta em si mesma.
(*Epístola de Thiago*, 2, 14-7)

Ano de 1975*

TEMA: Fraternidade é repartir
LEMA: Repartir o pão

Pão, substantivo masculino, em Latim *panis*,
-*nis*, desde Horácio (65 a. C a 8 a. C.),
em *Epístolas* (2, 1, 23).

Comerás o pão com o suor do teu rosto,
até que voltes à terra,
de que foste tomado; [...].
(*Gênesis*, 3, 19)

E vos servirei um pedaço de pão,
e refazei as vossas forças,
e depois continuareis o vosso caminho, [...].
(*Gênesis*, 18, 5)

Lot [...], e, depois que entraram,
preparou-lhes um banquete,
e fez cozer uns pães ázimos,
e eles comeram.
(*Gênesis*, 19, 3)

[...]. Depois foi-lhe posto pão diante.
(*Gênesis*, 24, 32)

---

* Veja-se o ano de 1985.

E assim, recebido o pão [...].
(*Gênesis*, 25, 34)

E, imoladas as vítimas sobre o monte,
convidou seus irmãos para comer pão.
(*Gênesis*, 31, 54)

Ora o pão faltava em todo o mundo,
e a fome oprimia toda a terra,
principalmente o Egito e Canaã.
(*Gênesis*, 47, 13)

Por que deixastes partir esse homem?
Chamai-o para comer pão.
(*Êxodo*, 2, 20)

Comerás pães ázimos
durante sete dias.
(*Êxodo*, 12, 15)

[...]. E Moisés, disse:
O Senhor vos dará [...],
e pela manhã pães com fartura.
(*Êxodo*, 16, 8)

Servireis ao Senhor vosso Deus,
para que eu abençoe o teu pão e tua água,
e afaste de ti a enfermidade.
(*Êxodo*, 23, 25)

E porás sempre sobre a mesa
os pães da proposição
na minha presença.
(*Êxodo*, 25, 30)

Comerás também
à entrada do tabernáculo do testemunho
os pães que estão no cesto [...].
(*Êxodo*, 29, 31)

[...]. E falando a eles e a toda a multidão,
mostravam os frutos da terra, [...].
(*Números*, 13, 27)

[...]. A terra que nós percorremos é muito boa.
(*Números*, 14, 7)

Tomarás à mão alguma coisa,
e cozerás dela doze pães.
(*Levítico*, 24, 5 a 9)

Gedeão pois foi a sua casa,
cozeu um cabrito e pães ázimos,
duma medida de farinha, [...].
(*Juízes*, 6, 19)

Disse pois aos moradores de Socot:
Dai, vos peço, pão para esta gente,
que trago comigo,
porque estão muito cansados, [...].
(*Juízes*, 8, 5)

Ao quarto dia, porém,
levantando-se antes de amanhecer,
quis partir, mas o sogro o deteve e lhe disse:
Come primeiro um pouco de pão,
conforta ao estômago e depois partirás.
(*Juízes*, 19, 5)

[...] se tens à mão alguma coisa,
ainda que não sejam senão cinco pães,
dá-mos, [...].
Eu não tenho à mão pães vulgares
mas somente o pão santo.
(*Primeiro Livro dos Reis*, 21, 3 e 4)

O sacerdote deu-lhe, pois,
do pão santificado,
porque não havia ali pão,
senão os pães da proposição,
que tinham sido tirados da presença do Senhor
para se porem outros quentes.
(*Primeiro Livro dos Reis*, 21, 6)

[...], e deu-lhes um pão do céu.
(*Salmo* 77, 24)

[...], e de pão do céu os saciou.
(*Salmo* 104, 40)

[...]; saciarei de pães os seus pobres.
(*Salmo* 131, 15)

Vai, pois, come o teu pão com alegria, [...].
(*Eclesiastes*, 9, 7)

Lança o teu pão
sobre as águas que passam,
porque depois de muito tempo o acharás.
Reparte dele com sete
e mesmo com oito (*ou mais pessoas*),

porque não sabes os males
que te podem vir sobre a terra.
(*Eclesiastes*, 11, 1 e 2)

Vale mais o que trabalha
e que tudo tem em abundância,
do que o jactancioso que não tem pão.
(*Eclesiástico*, 10, 30)

Ele o sustentará do pão de vida
e de inteligência, [...].
(*Eclesiástico*, 15, 3)

O essencial da vida do homem
é a água
e o pão,
e vestido
e casa que cubra o que o pejo
quer que esteja escondido.
(*Eclesiástico*, 29, 28)

[...]; ser-lhe-á dado pão, [...].
(*Isaías*, 33, 16)

Reparte o teu pão
com o que tem fome [...].
(*Isaías*, 58, 7)

Todo o seu povo está gemendo,
e mendigando pão.
(*Lamentações*, 1, 1)

[...]; os pequeninos pediram pão,
e não havia quem lho desse.
(*Lamentações*, 4, 4)

A nossa pele queima-se como um forno,
por causa dos ardores da fome.
(*Lamentações*, 5, 10)

Não só de pão vive o homem,
mas de toda a palavra
que sai da boca de Deus.
(*Evangelho de Mateus*, 4, 4)

O pão nosso de cada dia nos dá hoje [...].
(*Evangelho de Mateus*, 6, 11)

Não temos aqui senão cinco pães [...]
tomando os cinco pães [...]
levantando os olhos ao céu,
abençoou e partiu,
e deu aos discípulos os pães [...].
E comeram todos,
e saciaram-se.
(*Evangelho de Mateus*, 14, 13 a 20 e 15, 32-8)

[...]; e tomando os sete pães, dando graças,
partiu-os e deu-os a seus discípulos,
a fim de que os distribuíssem;
e eles os distribuíram ao povo.
(*Evangelho de Marcos*, 8, 6)

E, enquanto ceavam,
Jesus tomou o pão,
e o benzeu,
e o partiu,
e deu-o a seus discípulos.
(*Evangelhos de Mateus*, 26, 26 e *de Marcos*, 14, 22)

O pão nosso
de cada dia
nos dá hoje.
(*Evangelho de Lucas*, 11, 3)

E aconteceu que, estando
sentado com eles à mesa,
tomou o pão,
e o abençoou,
e partiu e lho dava.
E abriram-se os seus olhos,
e reconheceram-no.
(*Evangelho de Lucas*, 24, 30-1)

E eles contaram (*também*)
o que lhes tinha
acontecido no caminho,
e como o tinham reconhecido
ao partir do pão.
(*Evangelho de Lucas*, 24, 35)

[...]. Eu sou o pão da vida;
o que vem a mim,
não terá jamais fome
e o que crê em mim,
não terá jamais sede.
(*Evangelho de João*, 6, 35)

[...]. Eu sou o pão vivo,
que desci do céu.
(*Evangelho de João*, 6, 41)

Aproximou-se, pois, Jesus,
e tomou o pão,
e deu-lho.
(*Evangelho de João*, 21, 13)

[...]. E o pão,
que partimos,
não é a participação
do corpo do Senhor?
(*Primeira Epístola aos Coríntios*, 10, 16)

Ano de 1976

TEMA: Fraternidade e comunidade
LEMA: Caminhar juntos

[...] e para ensinares ao povo [...]
o caminho
por onde devem andar [...].
(*Êxodo*, 18, 20)

Eis que eu hoje entro
no caminho
de toda a terra [...].
(*Livro de Josué*, 23, 14)

[...] sê forte,
e porta-te como homem,
e observa tudo
o que o Senhor teu Deus
te mandou, andando
pelos seus caminhos [...].
(*Terceiro Livro dos Reis*, 2, 3)

[...] tu conservas o pacto
e a misericórdia
para com os teus servos,
que caminham diante de ti
de todo o seu coração.
(*Terceiro Livro dos Reis*, 8, 23)

E, continuando o seu caminho,
e caminhando
a conversar entre si [...].
(*Quarto Livro dos Reis*, 2, 11)

[...] os meus breves anos passam,
e eu caminho
por uma vereda,
pela qual não voltarei.
(*Jó*, 16, 23)

[...]. Quem acusará diante dele
o seu caminho?
(*Jó*, 21, 31)

[...] os olhos de Deus
estão fixos
nos seus caminhos.
(*Jó*, 24, 23)

[...] porque o Senhor
cuida do caminho
dos justos,
e o caminho
dos ímpios perecerá.
(*Salmo* 1, 9)

Os seus caminhos
são caminhos formosos,
e são de paz todas as suas veredas.
(*Provérbios*, 2, 17)

E nós te esperamos, Senhor,
(*andando*) na vereda
dos teus juízos (*leis*).
(*Isaias*, 26, 8)

[...]. Porque os meus pensamentos
não são os vossos pensamentos;
nem os vossos caminhos
são os meus caminhos.
(*Isaias*, 55, 8)

Eis que ponho diante de vós
o caminho da vida.
(*Jeremias*, 21, 8)

[...] eu julgarei cada um
conforme os seus caminhos.
(*Ezequiel*, 18, 30)

Eis que mando eu a meu anjo,
e ele preparará o caminho
diante da minha face.
(*Malaquias*, 3, 1)

[...] espaçoso o caminho
que conduz à perdição.
(*Evangelho de Mateus*, 7, 13)

Mestre, sabemos
que és verdadeiro,
[...] ensina-nos o caminho de Deus.
(*Evangelho de Marcos*, 12, 14)

Eu sou o caminho, [...].
(*Evangelho de João*, 14, 6)

Ensinaste-me os caminhos da vida.
(*Atos dos Apóstolos*, 2, 28)

E, seguindo ele seu caminho [...].
(*Atos dos Apóstolos*, 9, 3)

Ano de 1977

TEMA: **Fraternidade na família**

LEMA: **Comece em sua casa**

Por isso deixará o homem
a seu pai e a sua mãe,
e se unirá a sua mulher:
e serão dois numa mesma carne.
(*Gênesis*, 2, 24)

[...], governava a casa que lhe tinha sido confiada,
e tudo o que lhe fora entregue. [...],
e multiplicou todos os seus bens,
tanto em casa como no campo.
(*Gênesis*, 39, 4 e 5)

Tu governarás a minha casa,
e ao mando de tua voz
obedecerá todo o povo; [...].
(*Gênesis*, 41, 40)

Quando edificares uma casa nova,
farás um parapeito a roda do teto, [...].
(*Deuteronômio*, 22, 8)

No princípio era o Verbo,
e o Verbo estava em Deus,
e o verbo era Deus.
Ele estava no princípio em Deus.
Todas as coisas foram feitas por ele,

E nada do que foi feito,
foi feito sem ele.
Nele estava a vida,
e a vida era a luz dos homens.
(*Evangelho de João*, 1, 1 a 4)

Ele sempre se moveu,
nunca foi movido
e move tudo quanto existe;
Ele é a causa de si mesmo,
nunca foi causado
e é a causa de tudo quanto existe;
Ele nunca foi contido,
e contém tudo o que existe;
Ele é por si a infinitude
e contém tudo quanto existe;
Ele é o único absoluto
e contém tudo quanto existe.
(*Tomás de Aquino – das cinco vias, ou provas da existência de Deus*)

Nós somos gerados,
nós somos movidos,
nós somos efeitos,
nós somos contidos,
nós somos finitos.
... e todos começamos.
Começamos em nossa casa.
Irmãos na família de Deus.
(*Artêmio Zanon*)

Ano de 1978*

TEMA: **Fraternidade no mundo do trabalho**
LEMA: **Trabalho e justiça para todos**

No princípio Deus
criou o céu e a terra.
(*Gênesis*, 1, 11)

E Deus viu todas
as coisas que tinha feito,
e eram muito boas.
(*Gênesis*, 1, 31)

Tomou, pois, o Senhor Deus,
o homem, e colocou-o
no paraíso das delícias,
para que o cultivasse e guardasse.
(*Gênesis*, 2, 15)

Porque eu sei que há de ordenar a seus filhos
e à sua casa depois dele,
que guardem o caminho do Senhor,
e que pratiquem a equidade e a justiça, [...].
(*Gênesis*, 18, 19)

[...], Deus olhou a minha aflição
e o trabalho das minhas mãos, [...].
(*Gênesis*, 31, 42)

---

* Vide anos de 1976, 1991, 1996, 1999, 2009, 2016 e 2019.

Muito tempo depois, [...],
e os filhos de Israel,
gemendo debaixo do peso do trabalho,
clamaram; e o seu clamor
por causa dos trabalhos subiu até Deus, [...].
(*Êxodo*, 2, 23)

Eles faziam justiça ao povo em todo o tempo; [...].
(*Êxodo*, 18, 26)

Trabalharás seis dias;
ao sétimo dia descansarás [...].
(*Êxodo*, 23, 12)

[...] não permitas que eu seja
confundido para sempre;
livra-me, segundo a tua justiça.
(*Salmo* 30, 2)

[...] eu suspiro pelos teus preceitos,
dá-me vida segundo a tua equidade.
(*Salmo* 111, 40)

Apliquei o meu coração
a conhecer a prudência e a doutrina,
os erros e a loucura
e reconheci que ainda nisto havia trabalho,
e aflição de espírito, [...].
(*Eclesiastes*, 1, 18)

Que proveito tira o homem
de todo o seu trabalho?
Eu vi o trabalho penoso
que Deus deu aos filhos dos homens,
para que sejam atormentados por ele.
(*Eclesiastes*, 3, 9)

Reconheci [...]. Porque todo o homem
que come e bebe,
e que tira o bem do seu trabalho,
recebe isso por um dom de Deus.
(*Eclesiastes*, 3, 12-3)

Vi debaixo do sol a impiedade
no lugar estabelecido para o julgamento,
e a iniquidade no lugar da justiça.
(*Eclesiastes*, 3, 16)

Reconheci que nada havia de melhor
do que alegrar-se o homem nas suas obras
e que esta era a parte que lhe cabia.
(*Eclesiastes*, 3, 22)

O justo perece na sua justiça
e o ímpio vive muito tempo na sua malícia.
(*Eclesiastes*, 7, 16)

Porquanto o não ser proferido logo sentença
contra os maus
é causa de cometerem os filhos dos homens
crimes sem temor algum.
(*Eclesiastes*, 8, 11)

Meu filho, quando entrares no serviço de Deus,
persevera firme na justiça e no temor,
e prepara a tua alma para a tentação.
(*Eclesiástico*, 2, 1)

A sabedoria instrui seus filhos,
toma debaixo de sua proteção os que a buscam,
e irá diante deles no caminho da justiça.
(*Eclesiástico*, 4, 12, 21, 29 e 33)

Faze igualmente justiça
aos pequenos e aos grandes.
(*Eclesiástico*, 5, 18)

Não pretendas ser juiz,
temendo ser incapaz de extirpar a injustiça;
temendo fazer acepção do poderoso;
e ponhas assim um tropeço à tua equidade.
(*Eclesiástico*, 7, 6)

Não arrazoes contra um juiz,
porque ele julga o que supõe ser justo.
(*Eclesiástico*, 8, 17)

Não vituperes ninguém,
antes de te informar,
e, quando te tiveres informado,
repreende com equidade.
(*Eclesiástico*, 11, 7)

Bem-aventurado o homem
que permanece constante na sabedoria,
e que medita na sua justiça,
e que pensa com madureza em Deus que vê tudo.
(*Eclesiástico*, 14, 22)

O que teme a Deus fará boas obras,
e o que está firmado na justiça possuirá a sabedoria.
(*Eclesiástico*, 15, 1)

Aos penitentes, porém,
concede o caminho da justiça,
conforta os pusilânimes para vencerem a tentação.
(*Eclesiástico*, 17, 20)

Os presentes e as dádivas
cegam os olhos dos juízes,
e fecham-lhes a boca para não castigar.
(*Eclesiástico*, 20, 31)

Aquele que guarda a justiça
penetrará o espírito dela.
A sabedoria e o bom senso
são o fruto
do perfeito temor de Deus.
(*Eclesiástico*, 21, 12)

Vede que eu não trabalho só para mim,
mas para todos os que buscam a verdade.
(*Eclesiástico*, 24, 47)

[...] farei juízo com peso,
e justiça com medida.
(*Isaias*, 28, 17)

É bom para o homem ter levado o jugo
desde a sua mocidade.
(*Lamentações*, 3, 27)

Viste, Senhor,
a iniquidade deles contra mim;
faze-me justiça.
(*Lamentações*, 3, 59)

É maior ventura
dar que receber.
(*Atos dos Apóstolos*, 20, 35)

O justo vive da fé.
(*Epístola aos Romanos*, 1, 17)

[...] há de dar a cada um
segundo as suas obras.
(*Epístola aos Romanos*, 2, 6)

A justiça de Deus (*é infundida*),
pela fé de Jesus Cristo,
em todos e sobre
todos os que creem nele.
(*Epístola aos Romanos*, 3, 22)

E o que é catequizado na palavra,
reparta para todos os bens
com o que o catequiza.
(*Epístola aos Gálatas*, 6, 6)

Mas queres tu saber, ó homem vão,
como a fé sem obras é morta?
[...] vês que a fé
cooperava com as suas obras,
e que a fé
foi consumada por meio de obras.
(*Epístola de Tiago*, 2, 22)

Ano de 1979

TEMA: Por um mundo mais humano
LEMA: Preserve o que é de todos

Deus disse: "Produza a terra plantas,
ervas que contenham semente
e árvores frutíferas
que deem fruto segundo a sua espécie
e o fruto contenha a sua semente".
E assim foi feito.
A terra produziu plantas,
ervas que contêm semente segundo a sua espécie,
e árvores que produzem fruto segundo a sua espécie,
contendo o fruto a sua semente.
E Deus viu que isso era bom.
(*Gênesis*, 1, 11-2; 26, 30-1)

Se indo por um caminho
achares numa árvore ou na terra
o ninho de uma ave,
e a mãe posta sobre os filhinhos
ou sobre os ovos,
não apanharás a mãe com os filhinhos [...].
(*Deuteronômio*, 22, 6)

A Deus pertence a terra
e tudo o que nela se contém.
O mundo e quantos o habitam.
(*Salmo* 23, 1)

Todas as coisas foram feitas por Ele:
e nada do que foi feito,
foi feito sem Ele.
(*Evangelho de João*, 1, 3)

Tu és digno, ó Senhor nosso Deus,
de receber glória, e honra, e poder:
porque tu criaste todas as coisas,
e pela tua vontade
é que elas eram, e foram criadas.
(*Apocalipse de João*, 4, 11)

Deus fez, segundo as Sacras Escrituras,
Obra completa em seis dias trabalhados,
E logo após os feitos acabados,
Contempla a obra em meio às criaturas;

E se, no início, todas eram puras,
Qual a razão de serem colocados
Em prova apenas seres animados?
Mistério sem explicações seguras!...

Do Éden, então, nos vem o quanto temos,
E cada obra com sua utilidade,
Embora a essência lhe desconhecemos...

E são normais nos usos os engodos...
Mesmo assim, para o bem da humanidade,
Importa se preserve o que é de todos.
(*Artêmio Zanon*)

Ano de 1980

TEMA: **Fraternidade no mundo das migrações: exigência da Eucaristia**

LEMA: **Para onde vais?**

Eucaristia, do grego *Eukharisthia*, significando gratidão, agradecimento, de *Eukharistos*, agradecido, palavra formada de *eu* - bem e - *kharizesthai* - mostrar favor ou agrado por, de *kharis*, favor, graça. Em Latim *Eucharistia*. E, tendo-a o anjo do Senhor achado no deserto junto da fonte, [...], disse-lhe: Agar, escrava de Sarai, donde vens? e para onde vais?
(*Gênesis*, 16, 7 e 8. *Do episódio "Agar no deserto"*)

E ordenou ao primeiro, dizendo:
Se te encontrares com meu irmão Esaú,
e ele te perguntar:
De quem és? ou, para onde vais?, ou [...].
(*Gênesis*, 32, 17)

E eles responderam, e disseram:
Nós faremos tudo o que nos ordenaste;
iremos para onde quer que nos mandares.
(*Josué*, 1, 16)

[...]. Donde vens tu? E para onde vais?
(*Judite*, 10, 11)

Obra com presteza tudo quanto pode fazer a tua mão:
porque na sepultura (*Sheol*),
para onde tu te apressas,

não haverá nem obra,
nem razão,
nem sabedoria,
nem ciência.
(*Eclesiastes*, 9, 10)

Jesus disse-lhes:
Em verdade, em verdade vos digo:
Se não comerdes a carne do Filho do homem
e não beberdes o seu sangue,
não tereis a vida em vós.
O que come a minha carne
e bebe o meu sangue,
tem a vida eterna, e eu o ressuscitarei no último dia.
Porque a minha carne é verdadeiramente comida
e o meu sangue é verdadeiramente bebida.
(*Evangelho de João*, 6, 54-6)

Disse-vos, porém, essas palavras para que,
quando chegar a hora,
vos lembreis de que vo-lo anunciei.
E não vo-las disse desde o princípio,
porque estava convosco.
Agora vou para aquele que me enviou,
e ninguém de vós me pergunta:
Para onde vais?
Mas porque vos falei assim,
a tristeza encheu o vosso coração.
Entretanto, digo-vos a verdade:
convém a vós que eu vá!
Porque, se eu não for,

o Paráclito não virá a vós;
mas se eu for, vo-lo enviarei.
(*Evangelho de João*, 16, 5 a 7)

Quo vadis? é uma frase latina que significa "Para onde vais?" ou "Aonde vais?". O uso da sentença refere-se a um relato do evangelho apócrifo conhecido como "Atos de Pedro", no qual, ao fugir de uma provável crucificação em Roma, o Apóstolo Pedro encontra Jesus ressuscitado e lhe pergunta: *Quo vadis*? E Jesus responde: *Romam vado iterum crucifigi – Vou a Roma para ser crucificado de novo*. Prontamente Pedro ganha coragem para continuar seu ministério e acaba por se tornar um mártir após ser crucificado com a cabeça para baixo.

Quem sabe de onde vieste? Nenhuma costela,
Por certo, te gerou? Mistério original,
Inda persiste agora, pois que a história aquela,
Aceita ou não aceita, não faz nenhum mal.

Por mim, eu creio em tudo quanto me revela
Que existe alguém eterno e como eu imortal.
E posto em provação, nada em mim se rebela,
Pois quem me quis assim, querer-me há de a final.

No íntimo, espero, um dia, ter outro destino,
Por ser gerado e como são os meus iguais
E os que se foram que ante a verdade me inclino.

Assim envolto neste anseio e tudo o mais,
Indagas-me, por ser eu também peregrino,
Enquanto segues, sabes tu para onde vais?
(*Artêmio Zanon*)

Ano de 1981

TEMA: Saúde e fraternidade
LEMA: Saúde para todos

Um pobre são
e cheio de forças
vale mais do que um rico fraco
e atormentado de doenças.
A saúde da alma,
que consiste na santidade da justiça,
vale mais do que todo
o ouro e prata;
e um corpo robusto
vale mais do que imensos bens.
(*Eclesiástico*, 30, 14-5)

Eu irei,
e o curarei.
(*Evangelho de Mateus*, 8, 7)

[...] e tocou-lhe na mão,
e a febre a deixou.
(*Evangelho de Mateus*, 8, 15)

[...] e ele com a (*sua*) palavra,
expeliu os espíritos (*maus*),
e curou a todos os enfermos.
(*Evangelho de Mateus*, 8, 16)

E todos os que o tocaram,
ficaram sãos.
(*Evangelho de Mateus*, 14, 36)

O comer, porém,
com as mãos por lavar,
não mancha o homem.
(*Evangelho de Mateus*, 15, 20)

[...] tocou-lhes os olhos,
e, no mesmo instante,
viram, e o seguiram.
(*Evangelho de Mateus*, 20, 34)

[...] compadecido dele,
estendeu a mão,
e, tocando-o, disse-lhe:
Quero, sê limpo.
(*Evangelho de Marcos*, 1, 41)

[...] e todos os que o tocavam
ficavam sãos.
(*Evangelho de Marcos*, 6, 56)

E imediatamente
se lhe abriram os ouvidos,
e se lhe soltou a prisão da língua ,
e falava claramente.
(*Evangelho de Marcos*, 7, 35)

[...] impôs-lhe novamente
as mãos sobre os olhos,

e começou a ver;
e ficou tão bem curado,
que via distintamente
todas as coisas.
(*Evangelho de Marcos*, 8, 25)

Queres ficar são?
(*Evangelho de João*, 5, 6)

Ano de 1982*

TEMA: **Educação e fraternidade**
LEMA: **A verdade vos libertará**

O que castiga as gentes,
não repreenderá,
ele que ensina ao homem a ciência?
(*Salmo 93*, 10)

Aquele que poupa a vara quer mal ao seu filho;
mas o que o ama corrige-o continuadamente.
(*Provérbios*, 13, 24)

O justo, que anda na simplicidade,
deixará depois de si filhos ditosos.
(*Provérbios*, 20, 7)

[...]. O homem,
segundo o caminho
que tomou quando jovem,
não se afastará dele,
mesmo quando velho.
(*Provérbios*, 22, 6)

A loucura está ligada ao coração do menino,
mas a vara da disciplina a afugentará.
(*Provérbios*, 22, 15)

---

* Vide os anos de 1998 e 2022.

Dá-me, ó filho, o teu coração,
e os teus olhos guardem os meus caminhos.
(*Provérbios*, 23, 26)

A vara e a correção dão sabedoria;
o menino, porém,
abandonado à sua vontade,
é a vergonha de sua mãe.
(*Provérbios*, 29, 15)

[...] usaremos contigo
de misericórdia
e de fidelidade.
(*Josué*, 2, 14)

[...] o Senhor vos recompensará
certamente segundo a sua
misericórdia e verdade.
(*Segundo Livro dos Reis*, 2, 6)

É justa a palavra do Senhor
que tu me anuncias;
haja paz e verdade (*ao menos*)
durante os meus dias.
(*Quarto Livro dos Reis*, 20, 19)

Filho, não prives o pobre de tua esmola;
e não apartes dele os teus olhos.
(*Eclesiástico*, 4, 1)*

Estende a tua mão para o pobre,
a fim de que o teu sacrifício de expiação

---

* Vide também outros versículos no início desse Capítulo.

e a tua oferta seja perfeita.
(*Eclesiástico*, 7, 36)

O pobre encontra a sua glória
na sua instrução
e no seu temor; [...].
(*Eclesiástico*, 10, 33)

Um discurso fora de propósito
é como a música no luto:
mas o castigo e a doutrina
em todo o tempo são sabedoria.
(*Eclesiástico*, 22, 6)

Por causa do mandamento acode ao pobre,
e não o deixes ir com as mãos vazias
na sua indigência.
(*Eclesiástico*, 29, 12)

Aquele que instrui o seu filho
será louvado nele, e nele mesmo
se gloriará entre os seus conhecidos.
(*Eclesiástico*, 30, 2)

[...] justa é a palavra
que o Senhor proferiu:
Haja paz e verdade
ao menos durante os meus dias.
(*Isaias*, 39, 8)

[...] Senhor, nós não sabemos
para onde tu vais;

e como podemos nós
saber do caminho?
Disse-lhe Jesus:
Eu sou o caminho,
a verdade e a vida.
(*Evangelho de João*, 14, 5 e 6)

E vós, pais, não provoqueis
à ira os vossos filhos,
mas educai-os na disciplina
e nas instruções do Senhor.
(*Epístola aos Efésios*, 6, 4)

Pais, não provoqueis
à indignação os vossos filhos,
para que se não tornem pusilânimes.
(*Epístola aos Colossenses*, 3, 21)

Ora não convém que o servo do Senhor
se ponha a altercar,
mas que seja manso para com todos,
pronto para instruir, paciente,
que corrija com mansidão os que resistem à verdade,
na esperança de que Deus lhes dará a graça
de se converterem ao conhecimento da verdade, [...].
(*Segunda Epístola de Paulo a Timóteo*, 2, 24-5)

Eu, aos que amo, repreendo e castigo.
Tem, pois, zelo e faze penitência.
Eis que estou à porta e bato.
(*Apocalipse*, 3, 20)

Ano de 1983*

TEMA: Fraternidade e violência
LEMA: Fraternidade sim, violência não

Violência, do Latim *vis*, singular e plural, *vires, virum*, substantivo feminino, em sentido próprio significando força, força usada contra alguém, violência, como se encontra em *Verrinas* (4, 116), de Cícero. Não sendo meu propósito enveredar a respeito das diversas modalidades de violência(s), observo apenas que no singular são usados o nominativo *vis*, o acusativo *vim* e o ablativo *vi*. Do genitivo e dativo há poucos vestígios.

Onde está teu irmão [...].
(*Gênesis*, 4, 9)

As nossas mãos
não derramaram este sangue,
nem os nossos olhos viram.
(*Deuteronômio*, 21, 7)

A vida do homem
sobre a terra
é uma guerra.
(*Jó*, 7, 1)

* Veja-se o ano de 2018.

Voltei-me para outras coisas,
vi as operações que se fazem debaixo do sol,
as lágrimas dos inocentes
e que ninguém os consola,
nem eles podem resistir à violência,
visto estarem abandonados de todo o socorro.
(*Eclesiastes*, 4, 1)

Se vires a opressão dos pobres
e a violência que reina nos julgamentos,
e que se atropela inteiramente a justiça, [...].
(*Eclesiastes*, 5, 7)

Esquece-te de todas as injúrias
que recebeste do teu próximo,
e não faças nada por via de violência.
(*Eclesiástico*, 10, 6)

Para os ímpios
não há paz.
(*Isaias*, 48, 22)

Bem-aventurados os pacíficos.
(*Evangelho de Mateus*, 5, 9)

[...] ao entrardes na casa,
saudai-a dizendo:
A paz esteja nesta casa.
(*Evangelho de Mateus*, 10, 12)

[...] e paz na terra aos homens
da boa vontade (*de Deus*).
(*Evangelho de Lucas*, 2, 14)

A paz seja convosco;
sou eu, não temais.
(*Evangelho de Lucas*, 24, 36)

O meu preceito é este:
Que vos ameis uns aos outros,
como eu vos amei.
(*Evangelho de João*, 15, 12)

[...] tende caridade,
que é o vínculo da perfeição;
e triunfe em vossos corações a paz.
(*Epístola de Paulo aos Romanos*, 3, 14-5)

Se é possível,
tanto quanto depende de vós,
tende paz com todos os homens.
(*Epístola de Paulo aos Romanos*, 12, 18)

[...] irmãos, fortalecei-vos no Senhor
e no poder de sua virtude.
(*Epístola de Paulo aos Efésios*, 6, 10)

Quanto ao mais, irmãos,
tudo o que é verdadeiro,
tudo o que é honesto,
tudo o que é justo,
tudo o que é santo,

tudo o que é amável,
tudo o que é de bom nome,
qualquer virtude,
qualquer (*coisa digna de*)
louvor da disciplina
seja isto o objeto
dos vossos pensamentos.
(*Epístola de Paulo aos Filipenses*, 4, 8)

Buscai a paz com todos
e a santidade.
(*Epístola de Paulo aos Hebreus*, 12, 14)

Donde vem as guerras
e as contendas entre vós?
(*Epístola de Tiago*, 4, 1)

Honrai a todos,
amai os irmãos,
temei a Deus.
(*Primeira Epístola de Pedro*, 2, 17)

E o que ouve, diga: vem.
E o que tem sede, venha;
e o que quer, receba
de graça a água da vida.
(*Apocalipse de João*, 22, 17)

Ano de 1984

TEMA: **Fraternidade e vida**
LEMA: **Para que todos tenham vida**

E Deus viu todas as coisas
que tinha feito,
e eram muito boas.
(*Gênesis*, 1, 31)

[...] formou, pois, o homem
do barro da terra,
e inspirou no seu rosto
um sopro de vida.
(*Gênesis*, 2, 7)

[...] se algum dia se levantar alguém
para te perseguir e buscar a tua vida,
a vida do meu senhor será guardada
como no escrínio dos que vivem no Senhor, [...].
(*Primeiro Livro dos Reis*, 25, 29)

Por que foi concedida a luz a um miserável,
e a vida aos que estão em amarguras de ânimo?
(*Jó*, 3, 20)

Os meus dias passaram mais depressa
que a teia é cortada pelo tecelão
e consumiram-se sem esperança.

Lembra-te que a minha vida é um sopro,
e que os meus olhos não tornarão a ver a felicidade.
(*Jó*, 7, 6 e 7)

[...] nós somos de ontem,
e somos uns ignorantes,
porquanto os nossos dias sobre a terra
passam como a sombra.
(*Jó*, 8, 9)

Os dias da minha vida
foram mais velozes do que um correio;
fugiram e não viram a felicidade.
(*Jó*, 9, 25)

Mostraste-me as sendas da vida,
a plenitude da alegria com tua presença,
as eternas delícias à tua destra.
(*Salmo* 15, 11)

Pediu-te vida, e lha concedeste,
pelos séculos dos séculos.
(*Salmo* 20, 5)

Tua misericórdia irá após de mim,
todos os dias da minha vida, [...].
(*Salmo* 22, 6)

Porque em ti está a fonte da vida,
e na tua luz veremos a luz.
(*Salmo* 35, 10)

É ele que resgata da morte a tua vida,
e que te coroa da sua misericórdia
e das suas graças.
(*Salmo* 102, 4)

Nunca olvidarei os teus preceitos,
porque neles me deste a vida.
(*Salmo* 118, 93)

Ó quão bom e quão suave
é viverem os irmãos em união.
(*Salmo* 132, 1)

Louva-o enquanto vives,
louva-o enquanto tens vida e saúde,
louva a Deus e glorifica-te nas suas misericórdias.
(*Eclesiástico*, 17, 27)

O número dos dias do homem, quando muito,
são cem anos, mas, qual gota de água do mar,
ou grão de areia, assim são estes poucos anos
comparados a eternidade.
(*Eclesiástico*, 18, 8)

Eis que vem o tempo,
em que eu enviarei
fome sobre a terra;
não fome de pão,
nem sede de água,
mas de ouvir
a palavra do Senhor.
(*Amós*, 8, 11)

[...]. Não vos preocupeis,
nem com a vossa vida,
acerca do que haveis de comer,
nem com o vosso corpo,
acerca do que haveis de vestir.
(*Evangelho de Mateus*, 6, 25)

O que se prende à sua vida perdê-la-á;
e o que perde a sua vida
por meu amor, achá-la-á.
(*Evangelhos de Mateus*, 10, 39; 16, 25 e *de João*, 12, 25)

[...]. Bom Mestre,
que devo fazer
para alcançar a vida eterna?
(*Evangelhos de Marcos*, 10, 17, e *de Lucas*, 10, 25)

O que crê em mim,
tem a vida eterna.
Eu sou o pão da vida.
(*Evangelho de João*, 6, 47-8)

Eu sou o pão da vida;
o que vem a mim,
não terá jamais fome;
e o que crê em mim,
não terá jamais sede.
(*Evangelho de João*, 6, 35, 55, 64 e 69)

O que come a minha carne,
e bebe o meu sangue,
tem a vida eterna;

e eu o ressuscitarei
no último dia.
(*Evangelho de João*, 6, 55)

[...]. Eu sou a ressurreição e a vida;
o que crê em mim,
ainda que esteja morto, viverá;
e todo o que vive e crê em mim,
não morrerá eternamente.
(*Evangelho de João*, 11, 25)

O que ama a sua vida, perdê-la-á,
e quem aborrece a sua vida neste mundo,
conservá-la-á para vida eterna.
(*Evangelho de João*, 12, 25)

Eu sou o caminho, a verdade e a vida;
ninguém vai ao Pai senão por mim.
(*Evangelho de João*, 14, 6)

Eu sou a videira
e vós as varas (*os ramos*)
(*Evangelho de João*, 15, 1 a 7)

TERCEIRA FASE:

A Igreja Católica volta-se para situações existenciais do povo brasileiro

Ano de 1985

TEMA: Fraternidade e fome
LEMA: Pão para quem tem fome

[...] a terra será maldita por tua causa;
tirarás dela o sustento com trabalhos
penosos todos os dias da tua vida.
(*Gênesis*, 3, 17)

Comerás o pão
com o suor do teu rosto,
até que voltes à terra,
de que foste tomado.
(*Gênesis*, 3, 19)

[...], porque a fome há de consumir toda a terra. [...]
[...] a fome crescia todos os dias
em toda a terra;
[...] também a eles oprimia a fome
(*Gênesis*, 41, 30 e 56)

[...] gordo é o seu pão [...].
(*Gênesis*, 49, 20)

Comereis pães ázimos
durante sete dias.
(*Êxodo*, 12, 15)

[...] pela manhã sereis
saciados de pães.
(*Êxodo*, 16, 12)

Este é o pão
que o Senhor vos dará para comer.
(*Êxodo*, 16, 15)

Tomarás também flor de farinha
e cozerás dela doze pães
[...] e porás sobre eles incenso lucidíssimo,
para que o pão
seja monumento de oferta
feita ao Senhor.
(*Levítico*, 24, 5 a 7)

Afligiu-te com a fome,
e deu-te por sustento o maná,
que tu e teus pais desconhecíeis, [...].
(*Deuteronômio*, 8, 3)

[...], e celebraram a Páscoa, [...], pela tarde.
Ao outro dia comeram dos frutos da terra,
pães ázimos, e farinha do mesmo ano.
(*Josué*, 5, 9 a 11)

Traze-me também, te peço,
um bocado de pão
na tua mão.
[...] e comeu ele e ela,
e toda a sua casa.
(*Primeiro Livro dos Reis*, 17, 11-5)

Além disso, a fome aperta-os
e pela falta de água estão já como mortos.
(*Judite*, 11, 10)

Da maneira que puderes,
sê caritativo.
Se tiveres muito, dá muito;
se tiveres pouco,
procura dar de boa mente
também este pouco.
(*Tobias*, 4, 8 e 9)

[...] e deste-lhe o pão,
vindo do céu,
preparado sem trabalho,
que tinha em si toda a delícia
e a suavidade de todo o sabor.
(*Livro da Sabedoria*, 16, 20)

Não desprezes aquele que tem fome,
nem exasperes o pobre necessitado.
(*Eclesiástico*, 4, 2)

Dá-me hoje o pão
necessário à nossa subsistência.
(*Evangelho de Mateus*, 6, 10)

Não temos aqui senão cinco pães [...]
tomando os cinco pães [...].
(*Evangelhos de Mateus*, 14, 13 a 20 e *de Lucas*, 9, 13-6)

Quantos pães tendes vós?
e, tomando os sete pães [...].
(*Evangelho de Mateus*, 15, 34-8)

O homem não vive só de pão,
mas de toda a palavra de Deus.
(*Evangelho de Lucas*, 4, 4)

O pão nosso
de cada dia
nos daí hoje.
(*Evangelho de Lucas*, 11, 3)

E, se algum de vós
pedir pão a seu pai [...].
(*Evangelho de Lucas*, 11, 11)

[...] depois de tomar o pão
deu graças,
e partiu e deu-lho.
(*Evangelho de Lucas*, 22, 19)

[...], os discípulos rogavam-lhe:
"Rabi, come!"
Ele, porém, lhes disse:
"Tenho para comer
um alimento que não conheceis"
(*Evangelho de João*, 4, 31)

[...]. Senhor, dá-nos sempre deste pão.
Jesus lhes disse:
Eu sou o pão da vida.
Eu sou o pão vivo que desceu do céu.
Este é o pão que desceu do céu.
(*Evangelho de João*, 6, 34-5, 41, 48 e 59)

E o pão,
que partimos,
não é participação
do corpo do Senhor?
(*Epístola de Paulo aos Romanos*, 10, 16)

[...] que comam o seu pão,
trabalhando pacificamente.
(*Segunda Epístola de Paulo aos Tessalonicenses*, 3, 12)

Ano de 1986*

TEMA: Fraternidade e terra
LEMA: Terra de Deus, terra de irmãos

No princípio Deus
criou o céu e a terra.
[...].
Crescei e multiplicai-vos,
e enchei a terra.
(*Gênesis*, 1, 1 e 28)

[...] e tu comerás a erva da terra.
Comerás o pão com o suor do teu rosto,
até que voltes à terra, de que foste tomado.
(*Gênesis*, 3, 19 e 22)

Não amaldiçoarei mais a terra
por causa dos homens, [...].
(*Gênesis*, 8, 21)

Eu darei esta terra
aos teus descendentes.
(*Gênesis*, 12, 7)

Toda a terra
que vês eu a darei para sempre
a ti e à tua posteridade.

* Vide também os anos de 2002 e 2012.

E multiplicarei a tua descendência
como o pó da terra.
(*Gênesis*, 13, 15-6)

Darei a ti e à tua posteridade a terra
da tua peregrinação,
toda a terra de Canaã,
em possessão eterna e serei o seu Deus.
(*Gênesis*, 17, 8)

Isaac, pois, semeou naquela terra,
e colheu no mesmo ano o cêntuplo; [...].
(*Gênesis*, 26, 12)

Deus te dê do orvalho do céu
e da fertilidade da terra,
a abundância de trigo e de vinho.
(*Gênesis*, 27, 28 e 39)

A tua posteridade será como o pó da terra [...].
(*Gênesis*, 28, 14)

Agora, pois, levanta-te, sai desta terra,
voltando para a terra onde nasceste.
(*Gênesis*, 31, 13)

[...] e habitai conosco;
a terra está ao vosso dispor, cultivai-a, [...].
(*Gênesis*, 34, 10)

Issacar [...]. Viu que o repouso era bom,
e que a terra era ótima; [...].
(*Gênesis*, 49, 14)

Conhecendo a sua dor, [...],
e para os conduzir daquela terra
para uma terra boa,
para uma terra onde corre leite e mel [...].
(*Êxodo*, 3, 8 a 17; 13, 5)

Vai, sai deste lugar
tu e o teu povo [...]
para a terra
que eu jurei (*dar*).
À tua posteridade a darei.
(*Êxodo*, 33, 1)

Porás à parte cada ano o dízimo
de todos os teus frutos,
que nascem na terra, [...].
(*Deuteronômio*, 14, 22)

[...] ouça a terra
as palavras da minha boca.
(*Deuteronômio*, 32, 1)

[...] e será propício à terra
do seu povo.
(*Deuteronômio*, 32, 43)

[...] e o Senhor mostrou-lhe
toda a terra [...].
Eu a darei
a tua posteridade.
(*Deuteronômio*, 33, 2 a 4)

Disse também a Josué:
Sua terra seja abençoada pelo Senhor,
com os frutos do céu e com o orvalho,
(*com as águas*), do abismo que está debaixo.
(*Deuteronômio*, 33, 13)

[...]. A vista de Jacó (*pousará*)
sobre uma terra fecunda em pão e vinho,
e os céus se escurecerão com o orvalho.
(*Deuteronômio*, 33, 28)

Eis que eu hoje entro no caminho de toda a terra, [...].
Dei-vos uma terra, que não lavrastes, [...].
(*Josué*, 23, 14 e 24, 13)

[...]. Dá-me a tua bênção;
já que me deste uma terra seca,
dá-me também uma que eu possa regar.
(*Juízes*, 1, 15)

[...] do Senhor são os polos da terra,
e sobre eles pôs o mundo.
(*Primeiro Livro dos Reis*, 2, 11)

Do Senhor é a terra
e tudo o que ela encerra;
a redondeza da terra
e os que a habitam.
(*Salmo* 23, 1)

Fundaste a terra
sobre as suas bases,
e não vacilará
pelos séculos dos séculos.
(*Salmo* 103, 5)

Todos vão parar a um mesmo lugar.
De terra foram feitos,
e à terra voltam.
(*Eclesiastes*, 3, 20)

Porém, esperamos,
segundo a sua promessa,
novos céus
e uma nova terra.
(*Segunda Epístola de Pedro*, 3, 13)

E vi um novo céu
e uma nova terra.
Porque o primeiro céu
e a primeira terra
desapareceram e o mar
já não existe.
(*Apocalipse de João*, 21, 1)

Ano de 1987

TEMA: A fraternidade e o menor

LEMA: Quem acolhe o menor, a Mim acolhe

Em Latim *puer, -eri*, masculino e feminino, em sentido próprio: menino, criança (menino ou menina), como se lê em *Filipicas* (4, 3), de Cicero.

Criança, filho(a), menino(a) diz-se de quem está no período da infância, entre o nascimento e a puberdade. Pessoa muito jovem; quem não atingiu a idade adulta; infantil; pessoa sem experiência; quem é ingênuo, inocente. No *tema* e no *lema* trata-se de criança - o menor - como integrante da fraternidade (família) humana.

Honrarás a teu pai, e tua mãe,
para teres uma vida dilatada sobre a terra,
que o Senhor teu Deus te há de dar.
(*Êxodo*, 20, 12)

Cada um respeite seu pai e sua mãe. [...].
(*Levítico*, 19, 3)

Honra teu pai e tua mãe,
como te mandou o Senhor teu Deus,
para viveres longo tempo, [...].
(*Deuteronômio*, 5, 16)

[...] o que receber em meu nome
um menino como este,
é a mim que recebe.
(*Evangelho de Mateus*, 18, 1 a 6)

Deixai os meninos,
e não queirais impedi-los
de vir a mim,
porque destes tais
é o reino dos céus.
(*Evangelhos de Mateus*, 19, 14;
de Lucas, 18, 15-7 e *de Marcos*, 10, 13-6)

Se alguém quer ser o primeiro,
será o último de todos
e o servo de todos.
Todo o que receber um destes meninos
em meu nome,
a mim me recebe.
(*Evangelho de Marcos*, 9, 34-6)

Honra a teu pai e tua mãe,
que é o primeiro mandamento como promessa.
Para que te vá bem
e sejas de larga vida sobre a terra.
(*Epístola de Paulo aos Efésios*, 6, 2 e 3)

Ano de 1988*

TEMA: A fraternidade e o negro
LEMA: Ouvi o clamor deste povo!

Eu vi a aflição do meu povo [...]
e ouvi o seu clamor [...].
(*Êxodo*, 3, 7)

O Senhor disse a Moisés:
Eis que vou fazer chover para vós pães do céu,
saia o povo, e colha o que baste para cada dia.
(*Êxodo*, 16, 4)

Moisés respondeu-lhe:
O povo vem a mim para ouvir a sentença de Deus.
(*Êxodo*, 18, 15)

E, estendendo a mão
para o povo
abençoou-o
(*Levítico*, 9, 22)

Tem misericórdia de mim, ó Deus,
porque o homem me calcou aos pés;
aperta-me, combatendo todo o dia.
(*Salmo* 55, 2)

Tem piedade de mim, ó Deus,
tem piedade de mim,

---

* Veja-se o ano de 2002.

porque a minha alma confia em ti.
E à sombra das tuas asas esperarei,
até que passe a iniquidade.
(*Salmo* 56, 2)

Ao conhecer na terra o teu caminho,
e em todas as nações a tua salvação,
louvar-te-ão, ó Deus, os povos;
glorificar-te-ão todos os povos.
(*Salmo* 66, 3 e 4)

Tu abres a tua mão,
e enches de bênçãos todos os viventes.
(*Salmo* 144, 16)

[...] por que me chamais vós Senhor,
Senhor, e não fazeis o que eu vos digo?
(*Evangelho de Lucas*, 6, 46)

Eu sou a voz
do que clama no deserto.
(*Evangelho de João*, 1, 23)

E tendo-o encontrado
da banda de além do mar,
disseram-lhe: Mestre,
quando chegaste aqui?
(*Evangelho de João*, 6, 22-5)

E havia um grande rumor
entre o povo acerca dele.
(*Evangelho de João*, 7, 12)

Ano de 1989*

TEMA: **A fraternidade e a comunicação**
LEMA: **Comunicação para a verdade e a paz**

Bendito o Senhor Deus
do meu senhor Abraão,
que não retirou a sua misericórdia
e a sua verdade
do meu senhor,
e me conduziu por um caminho direito
à casa do irmão do meu senhor.
(*Gênesis*, 24, 27)

Ele, porém respondeu:
A paz seja convosco, não temais.
(*Gênesis*, 43, 23)

Moisés partiu, [...].
Jetro disse-lhe: Vai em paz.
(*Êxodo*, 4, 18)

O Senhor volva seu rosto para ti
e te dê a paz.
(*Números*, 6, 26)

* Vide anos de 1996, 2000, 2005 e 2009.

E o Senhor disse-lhe:
A paz seja contigo;
não temas, não morrerás
(*Juízes*, 6, 23)

[...]. Ele respondeu-lhes:
Ide em paz;
o Senhor olha a vossa jornada,
e o caminho que levais.
(*Juízes*, 18, 6)

O velho respondeu-lhe:
A paz seja contigo, [...].
(*Juízes*, 19, 20)

[...] o Senhor vos recompensará certamente
segundo a sua misericórdia e verdade [...].
(*Segundo Livro dos Reis*, 2, 6)

É justa a palavra do Senhor
que tu me anuncias;
haja paz e verdade
(*ao menos*) durante os meus dias.
(*Quarto Livro dos Reis*, 20, 19)

A paz
seja convosco,
não temais.
(*Tobias*, 12, 16)

[...], o Senhor abençoará o seu povo,
dando-lhe a paz.
(*Salmo* 28, 11)

Nos seus dias florescerá a justiça,
e a abundância da paz,
até que a lua deixe de existir.
(*Salmo* 71, 5 a 7)

Todas as coisas têm o seu tempo
e todas elas [...].
Há tempo de guerra e tempo de paz.
(*Eclesiastes*, 3, 1 a 8)

O temor do Senhor é a coroa da sabedoria;
ele dá a plenitude da paz,
e frutos de salvação.
(*Eclesiástico*, 1, 22)

Aceita tudo o que te acontecer,
e permanece em paz na tua dor, [...].
(*Eclesiástico*, 2, 4)

Justa é a palavra
que o Senhor proferiu.
Haja paz e verdade
ao menos durante os meus dias.
(*Isaias*, 39, 8)

Para os ímpios
não haverá paz [...].
(*Isaías*, 48, 22)

A paz seja nesta casa.
E, se aquela casa for digna,
virá sobre ela vossa paz;
mas, se não for digna,
a vossa paz
tornará para vós.
(*Evangelho de Mateus*, 10, 12)

Glória a Deus
no mais alto dos céus,
e paz na terra aos homens (*objeto*)
da boa vontade (*de Deus*).
(*Evangelho de Lucas*, 2, 14)

A paz seja convosco:
sou eu, não temais.
(*Evangelho de Lucas*, 24, 36)

[...] e nós vimos a sua glória,
glória como de (*Filho*)
Unigênito do Pai,
cheio de graça
e de verdade.
(*Evangelho de João*, 1, 14)

Eu sou o caminho,
a verdade e a vida.
(*Evangelho de João*, 14, 6)

Deixo-vos a paz,
dou-vos a minha paz;
não vo-la dou
como a dá o mundo.
(*Evangelho de João*, 14, 27)

E ele disse-lhes novamente:
A paz seja convosco.
(*Evangelho de João*, 20, 21-6)

Graças vos seja dada e paz
da parte de Deus, nosso Pai,
e da de Jesus Cristo, nosso Senhor.
(*Epístola de Paulo aos Romanos*, 1, 7)

Se é possível,
tanto quanto depende de vós,
tende paz
com todos os homens.
(*Epístola de Paulo aos Romanos*, 12, 18)

Rogo-vos, [...]
solícitos em conservar
a unidade do espírito
pelo vínculo da paz.
(*Epístola de Paulo aos Efésios*, 4, 1 a 3)

E a paz de Deus,
que está acima de todo o entendimento,
guarde os vossos corações
e os vossos espíritos em Jesus Cristo.
(*Epístola de Paulo aos Filipenses*, 4, 7)

[...] e triunfe em vossos corações
a paz de Cristo,
a qual também fostes chamados
para (*formar*) um só corpo.
(*Epístola de Paulo aos Colossenses*, 3, 15)

E o Deus da paz
vos santifique em tudo.
(*Primeira Epístola de Paulo aos Tessalonicenses*, 5, 23)

Buscai a paz com todos
e a santidade,
sem a qual ninguém verá a Deus.
(*Epístola de Paulo aos Hebreus*, 12, 14)

Ano de 1990

TEMA: **A fraternidade e a mulher**
LEMA: **Mulher e homem: imagem de Deus**

Façamos o homem
à nossa imagem e semelhança [...].
E criou Deus
o homem à sua imagem,
criou-o a imagem
de Deus,
e criou-os varão e fêmea
(*Gênesis*, 1, 26-7)

Disse também à mulher:
Multiplicarei os teus trabalhos,
e (*especialmente os de*) teus partos.
(*Gênesis*, 3, 16)

E Adão pôs à sua mulher o nome de Eva,
por causa de que ela havia de ser
a mãe de todos os viventes.
(*Gênesis*, 3, 20)

Criou-os varão e fêmea,
e abençoou-os; [...].
(*Gênesis*, 5, 2)

[...], o homem foi feito à imagem de Deus.
(*Gênesis*, 9, 6)

Tu fizeste a Adão do limo da terra,
e lhe deste para socorro a Eva.
(*Tobias*, 8, 8)

Quem achará
uma mulher forte?
(*Provérbios*, 31, 10 a 31)

Deus criou o homem da terra,
e formou-o à sua imagem.
Criou da sua mesma substância
uma auxiliar semelhante a ele;
deu-lhes discernimento,
e língua,
e olhos,
e ouvidos,
e espírito para pensar,
e encheu-os das luzes da inteligência.
(*Eclesiástico*, 17, 1 a 5)

O marido dê à sua mulher o que lhe deve;
e, da mesma maneira,
também a mulher ao marido.
(*Primeira Epístola de Paulo ao Coríntios*, 7, 3)

[...] nem o homem existe sem a mulher,
nem a mulher sem o homem, [...].
(*Primeira Epístola de Paulo ao Coríntios*, 11, 11)

Todos nós, pois, vendo de rosto descoberto
como num espelho a glória do Senhor,
somos transformados na mesma imagem,
de claridade em claridade, [...].
(*Segunda Epístola de Paulo ao Coríntios*, 3, 18)

[...] sede todos de um mesmo coração,
compassivos, amantes dos irmãos,
misericordiosos, modestos, humildes,
não retribuindo mal por mal,
nem maldição por maldição, [...],
bendizendo, pois para isto fostes chamados,
a fim de que possuais a bênção como herança.
(*Primeira Epístola de Pedro*, 3, 8)

E de um só (*homem*)
fez (*sair*) todo o gênero humano,
para que habitasse
sobre toda a face da terra.
(*Atos dos Apóstolos*, 17, 26)

Ano de 1991

TEMA: **A fraternidade e o mundo do trabalho***

LEMA: **Solidários na dignidade do trabalho**

Assim foram acabados
o céu e a terra,
e todos os seus ornatos.
(*Gênesis*, 2, 1)

Tomou, pois, o Senhor Deus,
o homem, e colocou-o
no paraíso de delícias,
para que o cultivasse
e guardasse.
(*Gênesis*, 2, 15)

Disse também à mulher:
Multiplicarei os teus trabalhos [...].
E disse a Adão:
[...] tirarás dela (*da terra*)
o sustento com trabalhos penosos
todos os dias da tua vida.
Comerás o pão
com o suor do teu rosto.
(*Gênesis*, 3, 16-9)

* Vide ano de 1999.
Tema: Fraternidade e os desempregados - Lema: Sem trabalho... Por quê?
Vide ano de 1978.

Trabalharás durante seis dias,
e farás neles todas as tuas obras.
(*Êxodo*, 20, 9)

O salário do teu jornaleiro
não ficará em teu poder
até ao dia seguinte.
(*Levítico*, 19, 13)

Não negarás
a paga do indigente e do pobre,
quer seja teu irmão quer um estrangeiro,
que mora contigo na tua terra,
e está dentro de tuas portas,
mas pagar-lhe-ás no mesmo dia
o preço do seu trabalho antes do sol posto,
porque é pobre e com isso sustenta a sua vida; [...].
(*Deuteronômio*, 24, 14-5)

A todo o homem que te tiver feito algum trabalho,
paga-lhe logo o salário
e nunca fique em teu poder a paga do mercenário.
Acautela-te, não faças nunca a outro
o que não quererias que outro te fizesse.
(*Tobias*, 4, 15-6)

[...]. Sai o homem para a sua obra,
e para os seus trabalhos até a noite.
(*Salmo* 103, 23)

[...] julguei que seria esta a minha sorte,
o desfrutar do meu trabalho.
Depois, refletindo em todas as obras
que as minhas mãos tinham feito
e nos trabalhos em que eu debalde tinha suado,
vi em tudo vaidade e aflição de espírito,
e que nada havia estável abaixo do sol.
(*Eclesiastes*, 2, 10-1)

Não aborreças as obras laboriosas,
nem o trabalho do campo, [...].
(*Eclesiástico*, 7, 16)

[...] a ociosidade ensina muita malícia.
(*Eclesiástico*, 33, 28-9)

Eu é que fiz a terra,
e quem sobre ela criou o homem fui eu;
as minhas mãos estenderam os céus,
e a toda a sua milícia dei as minhas ordens.
(*Isaías*, 45, 12)

[...]. Mestre, tendo trabalhado toda a noite,
não apanhamos nada;
porém, sobre a tua palavra,
lançarei a rede.
(*Evangelho de Lucas*, 5, 5)

No princípio existia o Verbo,
e o Verbo estava com Deus,
e o Verbo era Deu.
(*Evangelho de João*, 1, 1)

Trabalhai não pela comida que perece,
mas pela que dura até a vida eterna, [...].
(*Evangelho de João*, 6, 27)

[...]. Glorifiquei-te sobre a terra;
acabei a obra que me deste a fazer.
(*Evangelho de João*, 17, 4)

[...] estas mãos me serviram
para as coisas que me eram
necessárias a mim
e àqueles que comigo estavam.
Em tudo vos mostrei
que, trabalhando assim,
é preciso acudir aos fracos.
(*Atos dos Apóstolos*, 20, 34-5)

(...]; aquele que furtava,
não furte mais, mas antes ocupe-se,
trabalhando com suas mãos
em qualquer coisa honesta,
a fim de ter que dar
ao que está em necessidade.
(*Epístola de Paulo aos Efésios*, 4, 27-8)

Procurai viver em serenidade,
ocupar-vos dos vossos negócios
e trabalhar com as vossas mãos,
como vos ordenamos;
procedei honestamente

com os que estão fora (*da Igreja*)
e não cobiceis coisa alguma de ninguém.
(*Segunda Epístola de Paulo aos Tessalonicenses*, 4, 11)

Bem-aventurados os mortos,
que morrem no Senhor.
De hoje em diante
diz o Espírito que descansem dos seus trabalhos,
porque as suas obras os seguem.
(*Apocalipse*, 14, 13)

Ano de 1992

TEMA: Fraternidade e juventude
LEMA: Juventude – caminho aberto

Juventude, do Latim *juventus* (*iuventus*), *-tutis*, substantivo feminino, em sentido próprio: juventude, mocidade, como se encontra em *Cato Maior* (15), de Cícero.

Não amaldiçoarei mais a terra
por causa dos homens,
porque os sentidos
e os pensamentos do coração
do homem são inclinados para o mal
desde a sua mocidade;
não tornarei, pois, a ferir
todos os servos como fiz.
(*Gênesis*, 8, 21)

[...] escreves contra mim amarguras,
e queres-me consumir
pelos pecados da minha mocidade.
(*Jó*, 13, 26)

Mostra-me, Senhor,
os teus caminhos,
e ensina-me as tuas veredas.
Não te recordes dos pecados
da minha mocidade.
(*Salmo* 24, 4 a 9)

[...] tu és a minha esperança,
ó meu Deus, Senhor (*tu és a*)
minha esperança
desde a minha mocidade.
Ensinaste-me, ó Deus,
desde a minha juventude
e eu publico as tuas maravilhas.
(*Salmo* 70, 5 a 17)

Como conservará puro
o seu caminho o adolescente?
Guardando as tuas palavras.
(*Salmo* 118, 9)

Diz o provérbio:
O homem seguindo o caminho
que tomou sendo jovem,
não se afastará dele,
mesmo quando for velho.
(*Provérbios*, 22, 6)

Lembra-te do teu Criador
nos dias da tua juventude,
antes que venha
o tempo da aflição,
e cheguem os anos
de que tu dirás:
Esta idade não me agrada [...].
(*Eclesiastes*, 12, 1)

O que não ajuntaste
na tua mocidade,
como o acharás tu
na tua velhice?
(*Eclesiástico*, 25, 5)

Não lhe dês largas
na sua mocidade,
e não dissimules
as suas travessuras.
(*Eclesiástico*, 30, 11)

É bom para o homem
ter levado o jugo
desde a sua mocidade.
(*Jeremias*, 3, 27)

Disse-lhe o jovem:
Eu tenho observado tudo isso
desde a minha mocidade.
(*Evangelho de Mateus*, 19, 20)

Ninguém despreze
a tua mocidade.
(*Primeira Epístola de Paulo a Timóteo*, 4, 12)

Foge das paixões da juventude,
segue a justiça,
a fé,
a esperança,
a caridade
e a paz

com aqueles que invocam
o Senhor com um coração puro.
Evita questões loucas e inúteis
sabendo que produzem contendas.
(*Segunda Epístola de Paulo a Timóteo*, 2, 22-3)

Eu venho ao altar de Deus.
Ao Deus
que alegra
a minha juventude.
(do *Ordo Missæ – Ordinário da Missa.*
Parte introdutória invariável)

Ano de 1993

TEMA: **Fraternidade e moradia**

LEMA: **Onde moras?**

[...] andou errante
sobre a face da terra [...].
(*Gênesis*, 4, 16)

Entra na arca
tu e toda a tua casa.
(*Gênesis*, 7, 1)

[...] façamos para nós
uma cidade
e uma torre.
(*Gênesis*, 11, 4)

[...]. O muito amado do Senhor
habitará com ele confiadamente,
estará todo o dia
como em tálamo nupcial,
e repousará entre os seus braços.
(*Deuteronômio*, 33, 12)

Onde queres
que pousemos?
(*Tobias*, 7, 10)

Senhor, quem terá a sua morada
no teu tabernáculo?
Quem habitará
no teu santo monte?
(*Salmo* 14, 1)

Quão amável
é a tua morada.
(*Salmo* 83, 2)

[...] conduziu-os por caminho direito,
para que chegassem
a uma cidade habitável.
(*Salmo* 106, 7)

Eu me alegrei
porque me disseste:
Iremos à casa do Senhor.
(*Salmo* 121, 1)

É uma vida desgraçada
a daquele que anda se hospedando
de casa em casa.
(*Eclesiástico*, 29, 31)

Por que tive fome,
e não me destes de comer; [...];
era hóspede,
e não me reconhecestes; [...].
(*Evangelho de Mateus*, 25, 42-3)

E deu à luz a seu filho primogênito,
e o enfaixou e o reclinou em uma manjedoura,
porque não havia lugar para eles na estalagem.
(*Evangelho de Lucas*, 2, 7)

O Verbo se fez carne
e habitou entre nós.
(*Evangelho de João*, 1, 14)

E eles disseram:
Rabi (*que quer dizer Mestre*),
onde habitais?
(*Jesus*) disse-lhe:
Vinde, e vede.
(*Evangelho de João*, 1, 38-9)

Na casa de meu Pai
há muitas moradas.
(*Evangelho de João*, 14, 2)

Se alguém me ama,
guardará a minha palavra,
e o meu Pai o amará,
e nós viremos a ele
e faremos nele morada.
(*Evangelho de João*, 14, 23)

Da advertência milenar e real do *Eclesiástico*, 29, 31,
tem-se esta, sempre atual, e jamais alcançada:
Todo homem tem direito a um padrão
de vida capaz de assegurar
a si e à sua família,
saúde e bem-estar,
inclusive, alimentação,
vestuário, habitação [...].
(*Declaração Universal dos Direitos Humanos*, artigo 25)

Ano de 1994

TEMA: A fraternidade e a família
LEMA: A família, como vai?

[...] deixará o homem
seu pai e sua mãe,
e se unirá à sua mulher;
e serão dois
numa só carne.
(*Gênesis*, 2, 24 e *Epístola de Paulo aos Efésios*, 5, 31)

Não fareis mal algum
à viúva
nem ao órfão.
(*Êxodo*, 22, 22)

Ele faz justiça
ao órfão e à viúva,
ama o peregrino,
e dá-lhe o sustento
e o vestido.
(*Deuteronômio*, 10, 18 e 16, 11)

Tua esposa
é como uma vide fecunda,
no interior da tua casa;
teus filhos,
como vergônteas de oliveiras
ao redor da tua mesa.

[...] para que vejas
os filhos dos teus filhos [...].
(*Salmo* 127, 3 a 6)

Ouve, meu filho,
as instruções de teu pai,
e não abandones
a lei de tua mãe.
Isso será um ornato
para a tua cabeça,
e um colar
ao teu pescoço.
(*Provérbios*, 1, 8 e 9)

O filho que guarda
a palavra (*de Deus*)
será isento da perdição.
(*Provérbios*, 29, 27)

Quem achará uma mulher forte?
O coração de seu marido
põe nela a sua confiança.
(*Ela*) considerou as veredas
da sua casa,
e não comeu o pão ociosa.
Levantaram-se seus filhos,
e aclamaram-na ditosíssima;
(*levantou-se*) seu marido,
e louvou-a.
(*Provérbios*, 31, 10-1 e 27-8)

Não temerá
que venham sobre a sua família
os rigores da neve,
porque todos os seus domésticos
trazem vestidos forrados.
(*Provérbios*, 31, 21)

[...] Deus quer honrar o pai nos filhos,
e firmou cuidadosamente
a autoridade da mãe sobre os filhos.
Como quem acumula tesouros,
assim é aquele que honra sua mãe.
O que honra seu pai
encontrará alegria nos seus filhos,
e será atendido
no dia da sua oração.
Filho, ampara a velhice de teu pai,
e não o entristeças
durante a sua vida [...]
[...] porque a caridade
exercida com teu pai
não ficará no esquecimento.
Porque serás recompensado
por teres suportado
os defeitos de tua mãe.
(*Eclesiástico*, 3, 1 a 18)

Não te separes da mulher
sensata e virtuosa,
que recebeste no temor do Senhor,

porque a graça da sua modéstia
é mais preciosa que o ouro.
Tens filhos?
Ensina-os bem,
e acostuma-os à sujeição
desde a sua infância.
Tens filhas?
Conserva a pureza dos seus corpos [...].
De todo o teu coração
honra o teu pai,
e não te esqueças dos gemidos de tua mãe.
Lembra-te que não terias nascido
sem eles, e faze por eles
o que eles fizeram por ti.
(*Eclesiástico*, 7, 21 a 30)

Ditoso o homem
que tem uma virtuosa mulher.
A mulher
forte é a alegria de seu marido.
(*Eclesiástico*, 26, 1 a 3)*

Não desprezará os rogos do órfão,
nem a viúva que lhe fala com seus gemidos.
Não correm as lágrimas à viúva pelas suas faces,
e não clama ela contra aquele que lhas faz derramar.
(*Eclesiástico*, 35, 17-8)

* Veja-se *Eclesiástico*, todo o Capítulo 30: Educação dos filhos.

Uma filha
é para seu pai
um tesouro a vigiar.
(*Eclesiástico*, 42, 8)

[...] fazei justiça ao órfão,
defendei a viúva.
(*Isaías*, 1, 17)

E, entrando na casa,
encontraram o menino
com Maria, sua mãe.
(*Evangelho de Mateus*, 2, 11)

Levanta-te,
toma o menino e sua mãe.
E ele, levantando-se
tomou de noite
o menino e sua mãe
e retirou-se.
(*Evangelho de Mateus*, 2, 13 a 20)

Tua mãe e teus irmãos
estão ali fora,
e procuram-te.
(*Evangelho de Mateus*, 12, 47)

Por isso deixará o homem
pai e mãe,
e juntar-se-á com sua mulher,
e os dois serão uma só carne.
Por isso não mais são dois,

mas uma só carne.
Portanto não separe o homem
o que Deus juntou.
(*Evangelho de Mateus*, 19, 5 e 6)

E desceu com eles,
e foi a Nazaré,
e era-lhes submisso.
E sua mãe
conservava todas essas coisas
no seu coração.
E Jesus crescia em sabedoria,
em idade e em graça
diante de Deus
e diante dos homens.
(*Evangelho de Lucas*, 2, 51)

O que ama a sua mulher,
ama-se a si mesmo.
(*Epístola de Paulo aos Efésios*, 5, 28)

Filhos, obedecei a vossos pais
no Senhor, porque isto é justo.
(*Epístola de Paulo aos Efésios*, 6, 1 a 4)

Ano de 1995

TEMA: A fraternidade e os excluídos
LEMA: Eras tu, Senhor?

Este é meu filho amado,
no qual pus
as minhas complacências.
(*Evangelho de Mateus*, 3, 17)

Quem é este a quem
obedecem os ventos
e o mar?
(*Evangelho de Mateus*, 8, 27)

És tu o que há de vir,
ou devemos esperar outro?
(*Evangelhos de Mateus*, 11, 3)

Tende confiança;
sou eu, não temais.
Verdadeiramente tu és
o Filho de Deus.
(*Evangelho de Mateus*, 14, 27 e 33;
de Marcos, 6, 49 e 50 e *de João*, 6, 20)

Não será assim entre vós,
mas todo o quiser ser entre vós o maior,
seja vosso servo;

e o que quiser ser entre vós o primeiro,
seja vosso escravo; [...].
(*Evangelho de Mateus*, 20, 26-7)

Na verdade vos digo
que todas as vezes
que vós fizestes isto
a um destes meus irmãos
mais pequeninos,
a mim o fizestes.
Na verdade vos digo:
Todas as vezes
que o não fizestes
a um destes mais pequeninos,
a mim o não fizestes.
(*Evangelho de Mateus*, 25, 40 e 45)

[...]. Eu digo-vos:
Pedi, e dar-se-vos-á;
buscai, e encontrareis;
batei, e abrir-se-vos-á.
(*Evangelho de Lucas*, 11, 9)

Qual de vós, tendo cem ovelhas,
se perde uma delas,
não deixa as noventa e nove no deserto,
e vai procurar a que se tinha perdido,
até que a encontre?
(*Evangelho de Lucas*, 15, 4)

Pai, perdoa-lhes,
porque não sabem o que fazem.
(*Evangelho de Lucas*, 23, 34)

E abriram-se os olhos,
e reconheceram-no.
(*Evangelho de Lucas*, 24, 31)

Há tanto tempo
que estou convosco,
e ainda não me conhecestes!
(*Evangelho de João*, 14, 8)

E nenhum dos discípulos
ousava perguntar-lhe:
Quem és tu?
sabendo que era o Senhor.
(*Evangelho de João*, 21, 12)

O que tiver bens deste mundo,
e vir o seu irmão em necessidade
e lhe fechar o seu coração,
como está nele a caridade de Deus?
(*Primeira Epístola de João*, 3, 17)

Ano de 1996

TEMA: A fraternidade e a política
LEMA: Justiça e paz se abraçarão!

Política, do Latim *politicus, -a, -um*, adjetivo, significando o que é relativo ao governo ou ao Estado, como se encontra em *De Orator* (3, 109), de Cicero.

Porque o Senhor, teu Deus,
abomina quem faz estas coisas,
e detesta toda a injustiça.
(*Deuteronômio*, 25, 16)

Maldito o que perverte a justiça do estrangeiro,
do órfão e da viúva;
e todo o povo dirá: Assim seja.
(*Deuteronômio*, 27, 19)

Ó Senhor, Senhor,
guia-me na tua justiça.
(*Salmo* 5, 9)

A ti recorro, ó Senhor:
não permitas que eu seja
confundido para sempre;
livra-me, segundo a tua justiça.
(*Salmo* 30, 2)

Vê como eu suspiro
pelos teus preceitos:
Dá-me vida
segundo a tua equidade.
(*Salmo* 118, 40)

A sabedoria é mais estimável do que a força;
e o homem prudente
vale mais do que o valoroso. [...].
Dai ouvidos, vós que governais os povos,
e que vos gloriais de terdes
debaixo de vós muitas nações.
(*Sabedoria*, 6, 1 a 3)

Eu farei juízo com peso
e justiça com medida.
(*Isaías*, 28, 17)

Para os ímpios
não há paz.
(*Isaías*, 48, 22)

Guardai a equidade,
e praticai a justiça,
porque a salvação que eu envio
não tardará a vir,
e a minha justiça a manifestar-se.
(*Isaías*, 56, 1)

Vestiu-se da justiça
como de uma couraça.
(*Isaías*, 59, 17)

[...]. Julgai segundo a verdadeira justiça
e cada um de vós exerça com seu irmão
obras de misericórdia e de compaixão.
(*Zacarias*, 7, 9)

[...] ao entrardes na casa,
saudai-a dizendo:
a paz seja nesta casa.
(*Evangelho de Mateus*, 10, 12)

[...] paz na terra aos homens
(*objeto*) da boa vontade (*de Deus*).
(*Evangelho de Lucas*, 2, 14)

A paz seja convosco;
sou eu, não temais.
(*Evangelho de Lucas*, 24, 36)

Deixo-vos a paz,
dou-vos a minha paz;
não vo-la dou
como a dá o mundo.
(*Evangelho de João*, 14, 27)

A paz seja convosco.
(*Evangelho de João*, 20, 19 e 20)

[...] a justiça de Deus
manifesta-se nele pela fé
e (*aperfeiçoa-se*) na fé,
como está escrito:
O justo vive da fé.
(*Epístola de Paulo aos Romanos*, 1, 17)

[...] o justo juízo de Deus,
que há de dar a cada um
segundo as suas obras.
(*Epístola de Paulo aos Romanos*, 2, 5 e 6)

A justiça de Deus
(*é infundida*) pela fé.
(*Epístola de Paulo aos Romanos*, 3, 21-6)

Justificados, pois, pela fé,
tenhamos paz com Deus.
(*Epístola de Paulo aos Romanos*, 5, 1)

Se é possível,
tanto quanto depende de vós,
tende paz
com todos os homens.
(*Epístola de Paulo aos Romanos*, 12, 18)

[...] se fosse dada uma lei
que pudesse vivificar,
a justiça (*ou santidade*)
viria realmente da lei.
(*Epístola de Paulo aos Gálatas*, 3, 21)

[...] solicito-vos em conservar
a unidade do espírito
pelo vínculo da paz.
(*Epístola de Paulo aos Efésios*, 4, 3)

[...] a justiça que vem
de Deus pela fé.
(*Epístola de Paulo aos Filipenses*, 3, 9)

[...] a paz de Deus,
que está acima
de todo o entendimento,
guarde os vossos corações
e os vossos espíritos.
(*Epístola de Paulo aos Filipenses*, 4, 7)

[...] e triunfe em vossos corações
a paz de Cristo.
(*Epístola de Paulo aos Colossenses*, 3, 15)

E o Deus da paz
vos santifique em tudo.
(*Primeira Epístola de Paulo aos Tessalonicenses*, 5, 23)

Busca a paz em todos.
(*Epístola de Paulo aos Hebreus*, 12, 14)

Ora, o fruto da justiça
é semeado em paz
pelos que praticam a paz.
(*Epístola de Tiago*, 3, 18)

Ano de 1997

TEMA: A fraternidade e os encarcerados
LEMA: Cristo liberta de todas as prisões

Eu vi a aflição do meu povo.
(*Êxodo*, 3, 7)

Tu foste
o que salvaste o teu servo.
(*Juízes*, 15, 18)

[...] eu sei que o meu Redentor vive,
e que no último dia
ressurgirei da terra.
(*Jó*, 19, 25)

Verdadeiramente ele foi
o que tomou sobre si
as nossas fraquezas,
e ele mesmo carregou
com as nossas dores.
(*Isaías*, 53, 4)

[...] ele salvará o seu povo
dos seus pecados.
(*Evangelho de Mateus*, 1, 21)

Bem-aventurados os misericordiosos,
porque alcançarão misericórdia.
(*Evangelho de Mateus*, 5, 7)*

[...]. Vinde, benditos de meu Pai, [...],
estava na prisão, e fostes visitar-me. [...],
quando te vimos na prisão,
e fomos visitar-te?
(*Evangelho de Mateus*, 25, 36 a 43)

[...] isto é o meu sangue
do novo testamento,
o qual será derramado por muitos
para remissão dos pecados.
(*Evangelho de Mateus*, 26, 28)

[...] me ungiu
para evangelizar os pobres,
me enviou
a sarar os contritos de coração,
a anunciar aos cativos a redenção,
e aos cegos a vista,
a pregar o ano favorável do Senhor
e o dia da retribuição.
(*Evangelho de Lucas*, 4, 18-9)

---

* O texto reproduzido do *Evangelho de Mateus*, 5, 7, é referido como sendo uma das sete obras de misericórdia corporais. Também nominadas de atos de misericórdia, são ações e práticas que o Cristianismo, em geral, espera que todos os cristãos executem. A prática é comumente atribuída pela Igreja Católica como um ato tanto de penitência quanto de caridade.

[...] eis o que tira
o pecado do mundo.
(*Evangelho de João*, 1, 29)

Se vós permanecerdes na minha palavra,
sereis verdadeiramente meus discípulos,
e conhecereis a verdade,
e a verdade
vos tornará livres (*do pecado*).
(*Evangelho de João*, 8, 31-2)

[...] sem mim,
nada podeis fazer.
(*Evangelho de João*, 15, 5)

[...] assim como o pecado
reinou para a morte,
assim reine a graça pela justiça
para (*dar*) a vida eterna.
(*Epístola de Paulo aos Romanos*, 5, 21)

[...] libertados do pecado,
tornastes-vos servos da justiça.
(*Epístola de Paulo aos Romanos*, 6, 18)

Quem me livra deste corpo
(*em que habita o pecado,*
que é causa) de morte (*espiritual*)?
(*Somente*) a graça
de Deus por Jesus Cristo Nosso Senhor.
(*Epístola de Paulo aos Romanos*, 7, 24-5)

[...] pelo seu sangue,
temos a redenção,
a remissão dos pecados.
(*Epístola de Paulo aos Colossenses*, 1, 14)

E ele é a (*vítima de*) propiciação
pelos nossos pecados;
e não somente pelos nossos,
mas também pelos
de todo o mundo.
(*Primeira Epístola de João*, 2, 2)

[...] ele salvará o seu povo
dos seus pecados.
(*Evangelho de Mateus*, 1, 21)

Ano de 1998

TEMA: Fraternidade e educação*
LEMA: A serviço da vida e da esperança

Ainda que se levante batalha contra mim,
mesmo então esperarei.
(*Salmo*, 26, 3)

Bem-aventurado o homem,
cuja esperança é o nome do Senhor,
e que não voltou os olhos
para as vaidades e loucuras enganosas.
(*Salmo* 39, 5)

[...]; Senhor,
tu és a minha esperança
desde a minha mocidade.
(*Salmo* 70, 5)

A expectação dos justos será satisfeita,
mas a esperança dos ímpios perecerá.
(*Provérbios*, 10, 28)

[...] se eles sofreram tormentos
diante dos homens,
têm plena esperança na imortalidade.
(*Sabedoria*, 3, 4)

---

* Vide o ano de 1982.
Tema: Educação e fraternidade - Lema: A verdade vos libertará.

Filho, se me deres atenção, aprenderás,
e, se aplicares o teu espírito, serás sábio.
Se me ouvires, receberás a instrução,
e se fores amigo de ouvir, serás sábio.
(*Eclesiástico*, 6, 33-4)

Conservai, filhos, em paz a minha instrução,
porque, se a sabedoria está escondida
e o tesouro invisível,
que utilidade poderá haver em ambas estas coisas?
(*Eclesiástico*, 41 , 17)

Não me sejas motivo de medo,
tu, esperança minha no dia da aflição.
(*Jeremias*, 17, 17)

Ele, contra (*toda*) a esperança,
creu na esperança
de que seria pai de muitas gentes,
segundo o que lhe foi dito.
(*Epístola de Paulo aos Romanos*, 4, 18)

[...], a paciência (*produz*) a prova,
a prova a esperança,
e a esperança não traz engano, [...].
(*Epístola de Paulo aos Romanos*, 5, 4)

[...]. De fato, o mundo criado foi sujeito à vaidade,
não por seu querer,
mas pelo daquele que o sujeitou
com a esperança de que também o mundo criado
será livre da sujeição à corrupção,

para participar da liberdade gloriosa dos filhos de Deus.
(*Epístola de Paulo aos Romanos*, 8, 20)

Com efeito, na esperança é que fomos salvos.
Ora a esperança que se vê, não é esperança;
por que, como esperar aquilo que se vê?
E, se esperamos o que não vemos,
com paciência esperamos.
(*Epístola de Paulo aos Romanos*, 8, 24-5)

[...]. Porque tudo o que foi escrito,
para nosso ensino foi escrito,
a fim de que, pela paciência e consolação
que nos dão as Escrituras, tenhamos esperança.
(*Epístola de Paulo aos Romanos*, 15, 4)

O Deus, pois, da esperança
vos encha de todo o gozo
e de paz na vossa fé,
para que abundeis na esperança
e na virtude do Espírito Santo.
(*Epístola de Paulo aos Romanos*, 15, 13)

[...], o que lavra,
deve lavrar com esperança,
e o que debulha,
deve-o fazer com esperança de participar dos frutos.
(*Primeira Epístola de Paulo aos Coríntios*, 9, 10)

[...]. Se nesta vida somente esperamos em Cristo,
somos os mais miseráveis de todos os homens.
(*Primeira Epístola de Paulo aos Coríntios*, 15, 19)

[...]. Quanto a nós,
é do Espírito pela fé
que aguardamos a esperança da justiça.
(*Epístola de Paulo aos Gálatas*, 5, 5)

Há um só corpo e um só Espírito,
como também vós fostes chamados
a uma só esperança pela vossa vocação.
(*Epístola de Paulo aos Efésios*, 4, 4)

[...], fazendo continuamente memória
de vós nas nossas orações,
lembrando-nos, diante de Deus e nosso Pai,
da obra da vossa fé,
do trabalho da vossa caridade
e da constância de vossa esperança
em nosso Senhor Jesus Cristo.
(*Primeira Epístola de Paulo aos Tessalonicenses*, 1, 3)

Só Deus, princípio deste céu e desta terra.
Ele, Senhor da luz, das trevas e de quanto
Existe envolto em único e universal manto
Que por si só se move e quanto vida encerra.

O Prometido veio para a paz e a guerra:
Em cada ser humano, além da dor e o pranto
Subsistem outras forças para o justo encanto
Ao conviver comum que o anseio nos descerra.

Nada de presunção, nem mesmo o desespero
Enquanto aqui se aguarda a bem-aventurança
Ao sal da prudência que é nosso são tempero.

Se necessária a tempestade, é na bonança
Que o barco segue e nele vamos, com esmero,
Todos a serviço da vida e da esperança.

(*Artêmio Zanon*)

Ano de 1999

TEMA: Fraternidade e os desempregados*
LEMA: Sem trabalho... Por quê?

Tomou, pois, o Senhor Deus
o homem, e colocou-o
no paraíso de delícias,
para que o cultivasse
e guardasse.
(*Gênesis*, 2, 15)

Comerás o pão
com o suor do teu rosto,
até que voltes à terra,
de que foste tomado.
(*Gênesis*, 3, 19)

Quando Deus deu a um homem riquezas e bens,
a possibilidade de comer delas
e desfrutar a sua parte,
e viver alegre do seu trabalho,
isto é um dom de Deus.
(*Eclesiastes*, 5, 18)

Todo o trabalho do homem
é para sua boca;
mas a sua alma não ficará saciada com isso.
(*Eclesiastes*, 6, 7)

---

* Vide anos de 1978 e 1991.

Porquanto louvei a alegria (*do justo*),
visto não ter o homem debaixo do sol
outro bem, [...], e poder levar consigo
só isto do seu trabalho
a que se sujeitou nos dias de sua vida [...].
(*Eclesiastes*, 8, 15)

Aquele que cultiva a sua terra
tornará mais alto
o monte de seus frutos,
e o que pratica obras
de justiça será exaltado.
(*Eclesiástico*, 20, 30)

[...] o semeador
saiu a semear [...].
(*Evangelhos de Mateus*, 13, 3 e *de Lucas*, 8, 5)

[...] saiu a contratar operários
para a sua vinha.
(*Evangelho de Mateus*, 20, 1)

[...] vai trabalhar hoje
na minha vinha.
(*Evangelho de Mateus*, 21, 28)

Um é o que semeia,
e outro o que sega.
(*Evangelho de João*, 4, 37)

[...] trabalhando assim,
é preciso acudir aos fracos [...].
É maior ventura
dar que receber.
(*Atos dos Apóstolos*, 20, 35)

[...] nem comemos de graça
o pão de ninguém,
mas com trabalho e fadiga,
trabalhando de noite e de dia,
para não sermos pesados
a nenhum de vós.
[...] se alguém
não quer trabalhar,
também não coma.
[...] que comam o seu pão,
trabalhando pacificamente.
(*Segunda Epístola de Paulo aos Tessalonicenses*, 3, 6 a 12)

Ano de 2000

ECUMÊNICA*

TEMA: **Dignidade humana e paz****

LEMA: **Novo milênio sem exclusões**

E criou Deus
o homem
à sua imagem;
[...] criou-os varão e fêmea.
(*Gênesis*, 1, 27)

Oh! quem me dera ser juiz desta terra,
para que viessem a mim todos os que têm negócios,
e eu os decidisse segundo a justiça!
(*Segundo Livro dos Reis*, 15, 4)

[...], o homem prudente e educado
não murmurará quando for repreendido,
e o ignorante não será honrado.
[...], conserva a tua alma na mansidão,
e dá-lhe a honra que ela merece.
(*Eclesiástico*, 10, 28 e 31)

---

* *Ecumênica*. Veja-se o ano de 2005.
** *Vide* ano de 1989.
Lema: Comunicação para a verdade e a paz.

[...]. Levanta-te, que eu também sou homem.
Conversando com ele,
entrou em casa,
onde encontrou muitas pessoas reunidas.
(*Atos dos Apóstolos*, 10, 24-7)

Não há judeu,
nem grego;
não há servo,
nem livre;
não há homem,
nem mulher.
[...] todos vós sois
um só em Jesus Cristo.
(*Epístola de Paulo aos Gálatas*, 3, 28)

Levai os fardos uns dos outros
e, desta maneira,
cumprireis a lei de Cristo.
Se alguém julga ser alguma coisa,
não sendo nada,
a si mesmo se engana.
(*Epístola de Paulo aos Gálatas*, 6, 2 e 3)

[...], nada (*façais*) por espírito de partido
ou por vanglória,
mas cada um, por humildade,
considere os outros superiores a si,
não atendendo aos seus próprios interesses,
mas aos dos outros.
(*Epístola de Paulo aos Filipenses*, 2, 3 e 4)

[...]; Deus é testemunha;
nem buscamos glória dos homens,
quer de vós, quer de outros
(*Primeira Epístola de Paulo aos Tessalonicenses*, 2, 5 e 6)

Quando aparecer o príncipe dos pastores,
recebereis a coroa imarcescível de glória.
(*Primeira Epístola de Pedro*, 5, 4)

[...]. Então, caí a seus pés
para me prostrar diante dele.
E ele disse-me:
Vê, não faças tal;
eu sou servo como tu e como teus irmãos. [...].
(*Apocalipse*, 19, 10 e 22-9)

Todos os homens
nascem livres e iguais em dignidade e direitos.
São dotados de razão e consciência
e devem agir em relação uns aos outros
com espírito de fraternidade.
(*Artigo 1º. Declaração Universal dos Direitos Humanos. Até 2008, consta que está escrita em mais de 300 línguas*).

Ano de 2001

TEMA – Fraternidade e as drogas
LEMA – Vida sim, drogas não

A *Bíblia* não contem texto expresso que verse sobre drogas, mas orienta que devemos evitar substâncias que possam alterar o nosso raciocínio e nosso pensamento. Os males psiquiátricos, do coração, do fígado, as doenças respiratórias e do sistema nervoso, são alguns efeitos funestos que as drogas podem causar. Precisamos tomar conta de nosso corpo. É o que aconselha o Apóstolo Paulo na *Primeira Epístola aos Coríntios: Acaso não sabeis que os vossos membros são templo do Espírito Santo, que habita em vós, o qual tendes por vo-lo haver dado Deus, e que não vos pertenceis a vós mesmos, porque vós fostes comprados por um grande Preço? Glorificai, pois, e trazei a Deus em vosso corpo* (6, 19 e 20).

Existem outras sentenças que têm conotação com males causados por maus usos de substâncias e bebidas.

Na língua grega, **φαρμακεία** *(farmakeia)* significa feitiçaria, artes mágicas; **φαρμακεύς** *(farmakeus)*, fazedor de poções, mago; o verbo **φαρμακεύω** *(farmakeuo)* significa fazer poções, praticar magia; **φάρμακον** *(fármakon)* significa *droga nociva*, veneno, droga usada como um meio de controle, poção mágica, encanto, remédio, droga; e, **φάρμακος** *(fármacos)* é aquele que é competente na prática do uso de ervas ou drogas; aquele que envenena, aquele que faz coisas extraordinárias pelo uso de meios ocultos, feiticeiro, mago.

Foi objetivo da Campanha: Mobilizar a comunidade eclesial e a sociedade brasileira para enfrentar corajosamente o grave e complexo problema das drogas, que arruína milhares de vidas e afeta profundamente a paz social.

No *Evangelho de Mateus* (27, 33), relatando os últimos instantes da vida de Jesus Cristo na cruz, Lê-se: *[...] deram-lhe de beber vinho misturado com fel.* Já no Salmo 69, 22, consta: *Como alimento deram-me fel, e na minha sede serviam-me vinagre.* Fato também relatado pela evangelista Marcos (15, 23: *Deram-lhe vinho com mirra, que ele não tomou*). Essa espécie de entorpecente era de uso tradicional, ministrada *in extremis*, para atenuar o sofrimento. E Jesus provou-a mas não bebeu-a.

Não vem caso, no que tenho por propósito, discorrer a respeito de drogas químicas, drogas naturais, etc, e seus efeitos.

Produza a terra
erva verde,
e que dê sementes,
e árvores frutíferas,
que deem frutos
segundo a sua espécie,
cuja semente
esteja nelas mesmas
(*para se reproduzirem*)
sobre a terra.
(*Gênesis*, 1, 11-2)

E Deus
viu todas as coisas
que tinha feito,
e eram muito boas.
(*Gênesis*, 1, 31)

Tudo me é lícito,
mas nem tudo convém.
Tudo me é permitido,
mas eu de nada me farei escravo.
(*Primeira Epístola de Paulo aos Coríntios*, 6, 12)

Aquele, pois, que crê estar em pé, veja não caia.
Vós ainda não experimentastes,
senão tentações humanas,
mas Deus é fiel, o qual não permitirá
que vós sejais tentados mais do que podem as vossas forças;
antes fará que tereis ainda vantagem da mesma tentação,
para o poderdes suportar.
(*Primeira Epístola de Paulo aos Coríntios*, 10, 13)

Ano de 2002

TEMA: **Fraternidade e povos indígenas**

LEMA: **Por uma terra sem males!**

O objetivo geral da Campanha é motivar a conversão das pessoas, da sociedade e da própria Igreja para a solidariedade, a justiça, o respeito e a partilha, dando especial destaque aos povos indígenas. Foi um convite a todos os cristãos para engajarem-se na esperançosa luta pela conquista e garantia dos direitos dos povos indígenas.

No princípio Deus
criou o céu e a terra.
E Deus
chamou ao (*elemento*)
criado terra.
E disse: Produza a terra.
E viu Deus
que isso era bom.
(*Gênesis*, 1, 1 e 12)

E o Senhor Deus
tinha produzido da terra
toda casta de árvores
formosas à vista,
e de frutos

doces para comer;
e a árvore da vida
no meio do paraíso,
e a árvore
da ciência do bem e de mal.
(*Gênesis*, 2, 9)

[...] a terra será maldita por tua causa,
tirarás dela o sustento
com trabalhos penosos
todos os dias da tua vida.
(*Gênesis*, 3, 17)

O homem poderoso
dá-se a conhecer ao longe
pela sua língua atrevida;
e o sábio sabe escapar-se dele.
(*Eclesiástico*, 21, 8)

[...] eu tenho por certo
que os sofrimentos do tempo presente
não têm proporção
com a glória vindoura,
que se manifestará em nós.
(*Epístola de Paulo aos Romanos*, 8, 18)

[...] esperamos, segundo a sua promessa,
novos céus
e uma nova terra,
nos quais habite a justiça.
(*Segunda Epístola de João*, 3, 13)

E vi um novo céu
e uma nova terra.
Porque o primeiro céu
e a primeira terra
desapareceram.
(*Apocalipse de João*, 21, 1)

Ano de 2003

TEMA: A fraternidade e as pessoas idosas
LEMA: Vida, dignidade e esperança*

O Senhor Deus
formou, pois, o homem
do barro da terra,
e inspirou no seu rosto
um sopro de vida,
e o homem tornou-se
alma (*pessoa*) vivente.
(*Gênesis*, 2, 7)

[...] a velhice venerável não é longa vida,
nem se mede pelo número dos anos,
mas a prudência do homem
é que supre as suas cãs,
e a idade da velhice é uma vida imaculada.
(*Sabedoria*, 4, 8 e 9)

Deus meu,
livra-me da mão do iníquo,
do punho do malvado
e do opressor:
porque tu és a minha esperança,
ó meu Deus, Senhor,

---

* Vide ano de 1984.
Tema: Fraternidade e vida / *Lema:* Para que todos tenham vida.
Vide ano de 1998.
Lema: A serviço da vida e da esperança.

(*tu és a*) minha esperança,
desde a minha juventude.
(*Salmo* 70, 4 e 5)

Filho, ampara a velhice de teu pai,
e não o entristeças durante a sua vida.
Se a inteligência lhe for faltando,
suporta-o, e não o desprezes
por teres mais vigor do que ele;
porque a caridade exercida com teu pai,
não ficará no esquecimento.
Porque serás recompensado
por teres suportado os defeitos de tua mãe [...].
(*Eclesiástico*, 3, 14-6)

O que a (*sabedoria*) ama, ama a vida,
e os que, solícitos, a buscam,
gozarão da sua doçura.
(*Eclesiástico*, 4, 13)

Não desprezes nenhum homem na sua velhice,
porque os que envelhecem foram como nós.
(*Eclesiástico*, 8, 7)

Ditoso aquele que não teve
tristeza na sua alma,
e que não descaiu
da sua esperança.
(*Eclesiástico*, 14, 2)

Pelo semblante
se conhece o homem,

e pelos traços do rosto
se conhece o homem sensato.
O vestido do homem,
o riso dos dentes,
e o andar do homem,
dão a conhecer o que ele é.
(*Eclesiástico*, 19, 26-7)

Há quem, estando calado,
é tido por sábio;
e (*há*) quem se torna odioso
por ser descomedido no falar.
Há tal que se cala
por não saber falar;
e há tal que se cala,
porque sabe qual
é a ocasião oportuna.
O homem sábio estará em silêncio
até um certo tempo;
mas o leviano e o imprudente
não esperam a ocasião.
(*Eclesiástico*, 20, 5 a 7)

A areia, o sal
e qualquer massa de ferro,
são mais fáceis de levar,
do que o imprudente,
o insensato e o ímpio.
(*Eclesiástico*, 22, 18)

Quão belo é para os cabelos brancos
o saber julgar,
e para os anciãos
o saber dar um conselho.
(*Eclesiástico*, 25, 6)

O golpe de uma vara
faz uma pisadura;
mas o golpe da língua
esmigalha os ossos.
(*Eclesiástico*, 28, 21)

A inveja e a ira
abreviam os dias,
e os afãs
fazem chegar a velhice
antes do tempo.
(*Eclesiástico*, 30, 26)

(*Não te envergonhes*) de corrigir o insensato
e o néscio, [...] nem (*de defender*)
os velhos que são condenados pelos jovens.
(*Eclesiástico*, 42, 8)

A face do Senhor os dispersou,
não tornará a olhar para eles; [...],
nem se compadeceram dos anciãos.
(*Lamentações*, 4, 16)

Foram pendurados pelas mãos os príncipes;
não respeitaram a pessoa dos velhos.
(*Lamentações*, 5, 12)

Ano de 2004*

TEMA: A fraternidade e a água
LEMA: Água, fonte de vida

[...]; e o espírito de Deus
era levado por cima das águas.
[...]. As águas que estão debaixo do céu,
ajuntem-se num só lugar [...]
e ao conjunto das águas chamou mares.
(*Gênesis*, 1, 2, 9 e 10)

[...] Produzam as águas [...].
Crescei e multiplicai-vos,
e enchei as águas do mar; [...].
(*Gênesis*, 1, 20-2)

[...] da terra saía uma fonte,
que regrava
toda superfície da terra.
(*Gênesis*, 2, 6)

Mas eu trarei um pouco de água, [...].
(*Gênesis*, 18, 4)

Abraão, pois, levantou-se de manhã,
tomou pão e um odre de água, [...].
(*Gênesis*, 18, 4; 21, 14 a 20)

* Veja-se o Lema da Campanha do ano de 2016.
Sugere-se a quem está a ler, se interesse tiver, a leitura dos Capítulos 19 e 20, de *Números*, ao menos os textos que tratam da água lustral e da água da contradição, respectivamente.

Mas o servo saiu-lhe ao encontro, e disse:
Dá-me de beber um pouco de água do teu cântaro.
E ela respondeu: Bebe [...].
(*Gênesis*, 24, 17 e 43)

Cavaram na torrente e acharam água viva.
(*Gênesis*, 26, 19)

[...] caminharam três dias
no deserto
sem encontrar água.
Que haveremos de beber?
(*Êxodo*, 15, 22-4)

[...] e ferirás a pedra,
e dela sairá água,
para que o povo beba.
(*Êxodo*, 17, 6)

Servireis ao Senhor vosso Deus,
para que eu abençoe o teu pão e tua água,
e afaste de ti a enfermidade.
(*Êxodo*, 23, 25)

E tomará água santa
num vaso de barro.
(*Números*, 5, 17)

Esta é a água
da contradição.
(*Números*, 20, 13)

[...] tudo o que não pode
sofrer o fogo,
será purificado com água
da expiação.
(*Números*, 31, 23)

Porque o Senhor teu Deus
te introduzirá numa terra boa,
terra de regatos, de águas e de fontes, [...].
(*Deuteronômio*, 8, 7)

Abriu, pois, o Senhor um dos dentes molares
da queixada do jumento e saiam águas.
Sansão, bebendo delas recobrou alento,
e recuperou as forças.
(*Juízes*, 15, 19)

Clamaram a Deus;
e quando levantaram os gritos,
uma pequena fonte
tornou-se um rio muito grande
que derramou água em grandíssima abundância.
(*Ester*, 11, 10)

[...] e construí para minha utilidade
depósitos de água para regar o bosque
em que cresciam árvores; [...].
(*Eclesiastes*, 2, 6)

Apareceram os mananciais das águas [...].
(*Salmo* 17, 16)

O Senhor é meu pastor,
e nada me falta; [...].
Conduziu-me à água fortificante, [...].
(*Salmo* 22, 1 e 2)

Salva-me, ó Deus,
porque as águas penetraram até a minha alma.
(*Salmo* 68, 2)

Viram-te as águas, ó Deus,
viram-te as águas, e temeram,
e foram turbados os abismos.
(*Salmo* 76, 17)

Fendeu a pedra no deserto,
e deu-lhes a beber águas
como num rio caudaloso.
Fez sair água da pedra,
e fê-la correr como rios.
(*Salmo* 77, 15-6)

Tu fazes sair as fontes nos vales;
as águas passam por meio dos montes.
Todos os animais do campo bebem lá;
suspiram por elas os asnos silvestres na sua sede.
[...].
Tu banhas os montes com as águas que caem do alto [...].
(*Salmo* 103, 10)

Corram fora os regatos da tua fonte,
e espalha as tuas águas nas praças públicas.
(*Provérbios*, 5, 16)

(*Tu*) a fonte dos jardins,
o poço das águas vivas.
(*Cântico dos Cânticos*, 4, 15)

O essencial da vida do homem
é a água e o pão [...].
(*Eclesiástico*, 29, 28)

Tudo o que é da terra,
tornar-se-á em terra,
como todas as águas
voltam ao mar.
(*Eclesiástico*, 40, 11)

Vós tirareis com alegria
águas das fontes do Salvador; [...].
(*Isaías*, 12, 3)

Águas que estais por cima dos céus,
bendizei todas ao Senhor.
(*Daniel*, 3, 60)

Disse-lhe a mulher:
Senhor, dá-me dessa água,
para eu não ter mais sede,
nem vir aqui tirá-la.
(*Evangelho de João*, 4, 15)

[...] e os levará às fontes
das águas da vida,
e Deus enxugará toda
a lágrima dos seus olhos.
(*Apocalipse*, 7, 17)

[...] é chegada a hora do seu juízo,
e adorai aquele que fez
o céu, a terra, o mar e as fontes das águas.
(*Apocalipse*, 14, 7)

O Espírito e a esposa dizem: Vem;
e o que ouve, diga: Vem;
e o que tem sede, venha;
e o que quer, receba de graça a água da vida.
(*Apocalipse*, 22, 17)

Ano de 2005

ECUMÊNICA*

TEMA: **A fraternidade e a paz**

LEMA: **Felizes os que promovem a paz!**

Ozias, príncipe de Judá, disse-lhe:
Vai em paz e o Senhor seja contigo.
(*Judite*, 8, 34)

Bem-aventurados os pacíficos,
porque serão chamados filhos de Deus.
(*Evangelho de Mateus*, 5, 9)

Não julgueis que vim
trazer a paz
à terra;
não vim trazer a paz,
mas a espada.
Isto é, a luta entre
a virtude e o vício.
(*Evangelhos de Mateus*, 10, 34 e *de Lucas*, 12, 51)

E subitamente
apareceu com o anjo
uma multidão da milícia celeste
louvando a Deus,
e dizendo:

---

* Vide os temas das campanhas dos anos 1966, 1975 a 1978, 1982 a 2004, 2005 e 2006 a 2009.

Glória a Deus no mais alto dos céus,
e paz na terra aos homens,
(*objeto*) da boa vontade (*de Deus*).
(*Evangelho de Lucas*, 2, 13-4)

E, enquanto falavam nisto,
apresentou-se Jesus no meio deles,
e disse-lhes:
A paz esteja convosco;
sou eu, não temais.
(*Evangelho de Lucas*, 24, 36)

[...] veio Jesus,
e pôs-se no meio deles,
e disse-lhes:
A paz seja convosco.
E ele disse-lhes novamente:
A paz seja convosco.
(*Evangelho de João*, 20, 19 a 21 e 26)

Amai-vos reciprocamente com caridade fraternal,
adiantando-vos em honrar uns aos outros.
(*Epístola de Paulo aos Romanos*, 12, 10)

Sendo assim,
enquanto temos oportunidade,
façamos o bem a todos,
principalmente aos da família da fé.
A nova criação supera a Lei
(*Epístola de Paulo aos Gálatas*, 6, 10)

Que o Senhor faça crescer
e transbordar o amor
que tendes uns para com os outros
e para com todas as pessoas,
a exemplo do nosso amor por vós.
(*Primeira Epístola de Paulo aos Tessalonicenses*, 3, 12)

No que se refere ao amor fraternal,
entretanto, não há necessidade de que eu vos escreva,
porquanto vós mesmos estais por Deus
instruídos que deveis amar-vos uns aos outros; [...].
(*Primeira Epístola de Paulo aos Tessalonicenses*, 4, 9)

Evitai que ninguém retribua o mal com o mal,
mas encorajai que todos sejam bondosos
uns para com os outros.
(*Primeira Epístola de Paulo aos Tessalonicenses*, 5, 15)

Permaneça entre vós a caridade fraterna.
Não vos esqueçais da hospitalidade, [...].
(*Epístola aos Hebreus*, 13, 1 e 2)

Considerando, pois,
que tendes a vossa vida purificada
pela obediência à Verdade
que leva ao amor fraternal não fingido,
amai uns aos outros de todo o coração.
(*Primeira Epístola de Pedro*, 1, 22)

Concluindo, tende todos vós
o mesmo modo de pensar,
demonstrai compaixão e amor fraternal,

sede misericordiosos e humildes,
(*Primeira Epístola de Pedro*, 3, 8)

Ora, vós aplicando todo o cuidado,
juntai à vossa fé a virtude,
à virtude a ciência,
à ciência a temperança,
à temperança a paciência,
à paciência a piedade,
à piedade o amor fraterno,
ao amor fraterno a caridade.
(*Segunda Epístola de Pedro*, 1, 7)

Nós sabemos que já passamos da morte para a vida,
porque amamos os irmãos.
Quem não ama permanece na morte.
(*Primeira Epístola de João*, 3, 14 e 15)

Ora, Ele nos entregou este mandamento:
Quem ama a Deus,
ame de igual forma a seu irmão!
(*Primeira Epístola de João*, 4, 21)

[...] que Vos sejam agradáveis,
e abençoeis estes dons,
estas dádivas,
estes sacrifícios
santos e imaculados.
Nós Vo-los oferecemos, [...]

para que Vos digneis,
por toda a terra,
dar-lhe a paz [...].
(*Memento da Igreja.*
em *Ordo Missœ* – Ordinário da Missa)

Firmai os nossos dias
em vossa paz [...].
(*Oração pela aceitação das oferendas.*
Idem)

Ano de 2006

TEMA: **Fraternidade e pessoas com deficiência**

LEMA: **Levanta-te e vem para o meio!**

Não amaldiçoarás o surdo,
nem porás tropeço diante do cego;
mas temerás o Senhor teu Deus,
porque eu sou o Senhor.
(*Levítico*, 19, 14)

O Senhor falou a Moisés, dizendo:
Diz a Arão: O homem
de qualquer das famílias da tua linhagem,
que tiver deformidade (*corporal*),
não oferecerá pães ao seu Deus,
nem se aproximará do seu ministério;
se for cego, se coxo,
se tiver nariz pequeno, ou grande, ou torcido,
se tiver um pé quebrado, ou mão,
se for corcunda, se remeloso,
se tiver belide na vista,
se sarna pertinaz,
se tiver herpes pelo corpo, ou uma hérnia.
Todo o homem da estirpe do sacerdote Arão,
que tiver qualquer deformidade (*corporal*),
não se aproximará a oferecer hóstias ao Senhor,
nem pães ao seu Deus;

comerá, todavia, dos pães que se oferecem no santuário,
contanto, porém, que não entre do véu, para dentro,
nem chegue ao altar, porque tem defeito,
e não deve contaminar o meu santuário.
(*Levítico*, 21, 21-3)

Maldito o que faz um cego errar no caminho;
e todo o povo dirá:
Assim seja.
(*Deuteronômio*, 27, 18)

Ele enviou a sua palavra e os curou,
e os livrou da morte.
(*Salmo 106*, 20)

[...]. Nesse dia os surdos ouvirão as palavras do livro
e dentre as trevas e a escuridão
verão os olhos dos cegos.
(*Isaías*, 29, 18)

Então se abrirão os olhos dos cegos
e se desimpedirão os ouvidos dos surdos.
Então saltará o coxo como um cervo
e desatará a língua dos mudos;
porque receberão mananciais de águas no deserto
e torrentes na solidão.
(*Isaías*, 35, 5 e 6)

Certamente ele tomou sobre si
as nossas enfermidades
e sobre si levou as nossas doenças;
contudo nós o consideramos

castigado por Deus,
por Deus atingido e afligido.
Mas ele foi traspassado
por causa das nossas transgressões,
foi esmagado por causa
de nossas iniquidades;
o castigo que nos trouxe paz
estava sobre ele, e pelas suas feridas
fomos curados.
(*Isaías*, 53, 4 e 5)

Cura-me, Senhor, e serei curado;
salva-me, e serei salvo,
pois tu és aquele a quem eu louvo.
(*Jeremias*, 17, 4)

[...]: Senhor, o meu servo jaz em casa paralítico
e sofre muito.
[...]. Então disse Jesus ao centurião:
Vai, seja-te feito conforme creste.
Naquela mesma hora ficou curado o servo.
(*Evangelho de Mateus*, 8, 5 a 13)

[...]. Eis que lhe apresentaram um paralítico,
que jazia no leito. [...].
Levanta-te e caminha [...].
(*Evangelho de Mateus*, 9, 1 a 8)

Outra vez Jesus entrou na sinagoga
e encontrava-se lá um homem,
que tinha uma das mãos secas. [...].
Jesus disse ao homem que tinha a mão seca:
Vem aqui para o meio. [...],
disse ao homem:
Estende a tua mão.
Ele a estendeu, e foi-lhe restabelecida a mão.
(*Evangelho de Marcos*, 3, 1 a 5)

[...]. Então Jesus lhe disse:
Filha, a tua fé te curou!
Vai-te em paz, e fica curada do teu mal.
(*Evangelho de Marcos*, 5, 34)

[...], há em Jerusalém,
junto da porta das ovelhas,
uma piscina, que em hebreu se chama Betsaida,
a qual tem cinco pórticos. Nestes jazia
uma grande multidão de enfermos,
cegos, coxos, paralíticos,
os quais esperavam o movimento das águas. [...].
Estava ali um homem que, há trinta e oito anos,
se encontrava enfermo. [...].
Levanta-te, toma o teu leito e anda. [...].
(*Evangelho de João*, 5, 2 a 9)

De Nazaré, meu Deus perfeito e humano,
na sinagoga estando, sem receio,
ao da mão seca, sob olhar tirano,
ordena-lhe: "Vem aqui para o meio."

Aos paralíticos, de inato dano,
em Cafarnaum e em solo de onde veio,
concede o natural mover de plano,
que uma palavra basta para esteio.

Senhor do sábado e dos outros dias,
nas águas de Betsaida ao rol de enfermos
se juntam coxo e cego sem valias.

Ele o Pastor – sua voz é de atendermos!
Ele o Portal – o fim das tantas vias!
Ele ressurgiu para não morrermos!

(*Artêmio Zanon*)

Ano de 2007

TEMA: **Fraternidade e Amazônia**
LEMA: **Vida e missão neste chão.**

Creio em um só Deus, todo-poderoso,
meu Pai criador do céu e da terra,
de tudo quanto visto e imaginoso,
do que comprendo ou que mistério encerra.

O ser humano, nesta obra – ditoso! –,
único livre enquanto acerta e erra,
age a seu modo em zelo ou pernicioso,
e em frágil paz propende para a guerra.

Sou *homo sapiens*? Cesse tudo quanto
no tempo e espaço busca à minha origem
dar um conceito; que me baste – e tanto! –,

que penso e existo; se outros mais transigem,
acato a sina e ouvindo o próprio canto,
respeito àqueles que o meu ver corrigem.

(*Artêmio Zanon*)

Por não encontrar na específica fonte para esta obra, tanto como para o *Tema*, quanto para o *Lema*, de sítio da Inernet transcrevo o que foi dado com o objetivo geral e a mensagem da voz do Pastor da Igreja, o Papa.

O OBJETIVO GERAL

Conhecer os valores e a criatividade dos povos da Amazônia e as agressões que sofrem por causa do atual modelo econômico e cultural, a fim de chamar à conversão, à solidariedade, a um novo estilo de vida e a um projeto de desenvolvimento humano baseados nos valores humanos e evangélicos, seguindo a prática de Jesus no cuidado com a vida humana, especialmente dos mais pobres, e de toda a natureza.

Carta de Sua Santidade o Papa Bento XVI

Ao Venerável Irmão no Episcopado
Cardeal Geraldo Majella Agnelo
Presidente da CNBB
Arcebispo de São Salvador da Bahia e Primaz do Brasil

Ao iniciar o itinerário espiritual da Quaresma, a caminho da Páscoa da ressurreição do Senhor, desejo uma vez mais aderir à Campanha da Fraternidade que, neste ano de 2007, está subordinada ao tema "*Fraternidade e Amazônia*" e ao lema "*Vida e Missão neste chão*". É um tempo em que cada cristão é convidado a refletir de modo particular sobre as várias situações sociais do povo brasileiro que requerem maior fraternidade.

A proposta para este ano destina-se a promover a fraternidade efetiva com as populações amazônicas, defendendo e promovendo a vida que se manifesta com tanta exuberância na Amazônia. Por sua vez, esta mesma preocupação se insere no amplo tema da defesa do ambiente, para o qual este vasto território constitui um patrimônio comum que, por sua realidade humana, sociopolítica, econômica e ambiental, requer especial atenção da Igreja e da sociedade brasileira.

Neste contexto, insere-se, porém, de maneira determinante a ação eclesial dirigida a fomentar um processo de ampla evangelização que estimule a missionariedade e crie condições favoráveis para a descoberta e o crescimento da fé de toda a população amazônica. Em continuidade com os meus Veneráveis predecessores, desejo fazer um preito de gratidão a todos aqueles corajosos missionários, que se consagraram e se consagram, à custa inclusive da própria vida, em levar a fé católica nas cidades e aldeias da região; homens e mulheres que, por amor a Deus, entregaram-se de corpo e alma para extensão do Reino de Deus nesta Terra da Santa Cruz.

Ao dar início à Campanha da Fraternidade deste ano, renovo a esperança de que as diversas instâncias da sociedade civil queiram solidarizar-se sempre mais sobre a questão da Amazônia no respeito pelas exigências éticas de justiça e de respeito pela vida.

Com estes auspícios, invoco a proteção do Senhor, para que sua mão benfazeja se estenda por todo o Brasil e, de modo especial, sobre a Amazônia e sua população espalhada pelas cidades, aldeias e florestas, derramando seus dons de paz e de prosperidade e que, com a sua graça, desperte em cada coração sentimentos de fraternidade e de viva cooperação.

Com uma especial Bênção Apostólica.

Ano de 2008*

TEMA: Fraternidade e defesa da vida
LEMA: Escolhe, pois, a vida

Vida é atividade substancial, por meio da qual atua o ser onde ela existe, ou seja, é o estado de ação imanente dos seres organizados; é a duração desse estado, a existência propriamente dita, compreendendo o tempo decorrido entre o *nascimento* e a *morte*. Aceita como uma *dádiva* preciosa, mesmo assim, a vida é instável e breve.

E quanto à *Vida eterna*? No *Novo Testamento* está perfeitamente definida a doutrina da vida *eterna*. A palavra grega que largamente se traduz por "eterno", ou "perpétuo" – *aionios* –, deriva de um nome que significa "uma idade", ou "período de tempo". A *vida* de Deus é *eterna* e a *vida* de quem deve sempre estar com Deus, é igualmente eterna. Assim, não há dúvida: sendo a mesma palavra usada, há de ser *eterna* a vida de quem está separado de Deus. Entre os cristãos, acerca da eternidade da vida, não há e nunca houve qualquer dúvida.

O Senhor Deus formou,
pois, o homem do barro da terra,
e inspirou no seu rosto um sopro de vida,
e o homem tornou-se alma (*pessoa*) vivente.
(*Gênesis*, 2, 7)

Eu chamo hoje por testemunhas
o céu e a terra,

* Vide ano de 1984.

em como vos propus a vida e a morte,
a bênção e a maldição.
Escolhe, pois, a vida,
para que vivas tu e tua posteridade,
e ames o Senhor teu Deus,
e obedeças à sua voz,
e permaneças unido a ele
(*porque é a tua vida e a origem dos teus longos dias*...).
(*Deuteronômio*, 30, 19)

Tu dás vida a todas as coisas
e a milícia do céu te adora.
(*Neemias*, 9, 6)

Mostraste-me as sendas da vida,
a plenitude da alegria com tua presença,
as eternas delícias à tua destra.
(*Salmo* 15, 11)

Quem é o homem que quer a vida,
e que deseja ver dias felizes?
(*Salmo* 33, 13)

Porque em ti está a fonte da vida,
e na tua luz veremos a luz.
(*Salmo* 35, 10)

Lembra-te de quão breve
é a minha vida,
de quão caducos
criaste todos os homens.
(*Salmo* 88, 48)

É ele que resgata da morte a tua vida,
e que te coroa da sua misericórdia
e das suas graças.
(*Salmo* 102, 4)

E a multidão dos que dormem
no pó da terra,
acordarão uns para a vida eterna,
e outros para o opróbrio
que terão sempre diante dos olhos.
(*Daniel*, 12, 2)

O que se prende à sua vida perdê-la-á;
e o que perder a sua vida
por meu amor, achá-la-á.
(*Evangelho de Mateus*, 10, 39; 16, 25)

[...] os que tiverem feito obras boas,
sairão para a ressurreição da vida.
(*Evangelho de João*, 5, 29)

O que ama a sua vida perdê-la-á,
e quem aborrece a sua vida neste mundo,
conservá-la-á para a vida eterna.
(*Evangelho de João*, 12, 25)

Disse-lhe Jesus:
Eu sou o caminho,
a verdade e a vida.
(*Evangelho de João*, 14, 6)

Ano de 2009*

TEMA: **Fraternidade e segurança pública**
LEMA: **A paz é fruto da justiça**

Eu vos darei paz dentro dos vossos limites;
dormireis, e não haverá quem vos aterre.
(*Levítico*, 26, 6)

O Senhor volva seu rosto para ti
e te dê a paz.
(*Números*, 6, 26)

Recebam os montes paz para o povo,
e os outeiros justiça.
(*Salmo* 71, 3)

A misericórdia e a verdade se encontraram;
a justiça e a paz se oscularam.
A justiça irá diante dele,
e imprimirá os seus passos sobre o caminho.
(*Salmo* 84, 11-4)

Os seus caminhos são formosos,
e são de paz todas as suas veredas.
(*Provérbios*, 3, 17)

A paz será a obra da justiça,
e o efeito da justiça

---

* Vide anos de 1989, 1996 e 2005.

o sossego e a segurança para sempre.
O meu povo repousará na formosura da paz,
nos tabernáculos da esperança
e num descanso opulento.
(*Isaías*, 32, 17-8)

Não há paz
para os ímpios, diz o Senhor.
(*Isaías*, 48, 22; 57, 21).

Ainda que os montes sejam abalados
e tremam as colinas,
a minha misericórdia não se apartará de ti,
e a aliança da minha paz não se mudará.
(*Isaías*, 54, 10)

Venha a paz,
descanse no seu leito
aquele que andou na retidão.
(*Isaías*, 57, 2)

Bem-aventurados os pacíficos,
porque serão chamados de filhos de Deus.
(*Evangelho de Mateus*, 5, 9)

Ao entrardes na casa, saudai-a.
Se aquela casa for digna,
descerá sobre ela a vossa paz;
se não for digna,
a vossa paz voltará para vós.
(*Evangelho de Mateus*, 10, 12)

O sal é coisa boa,
porém, se ele se tornar insípido,
com que havereis de temperar?
Tende sal em vós,
e tende paz uns com os outros.
(*Evangelho de Marcos*, 9, 50)

Glória a Deus no mais alto dos céus,
e paz na terra aos homens,
de boa vontade.
(*Evangelho de Lucas*, 2, 14)

Deixo-vos a paz,
dou-vos a minha paz;
não vo-la dou como a dá o mundo.
(*Evangelho de Lucas*, 14, 27)

A paz seja convosco.
(*Evangelho de Lucas*, 20, 19-21)

Que o Deus da paz vos santifique em tudo [...].
(*Primeira Epístola aos Tessalonicenses*, 5, 23)

Não farás acepção de pessoas,
nem receberás dádivas,
porque as dádivas cegam os olhos dos sábios,
e transformam as palavras dos justos.
Seguirás com justiça o que é justo,
para que vivas e possuas a terra
que o Senhor, teu Deus, te tiver dado.
(*Deuteronômio*, 16, 19 e 20)

O anjo disse-lhes: a paz seja convosco,
não temais.
(*Tobias*, 12, 17)

Anunciei a (*tua*) justiça na grande assembleia [...].
Não escondi a tua justiça no meu coração [...].
(*Salmo* 39, 10-1)

A misericórdia e a fidelidade se encontraram juntas,
a justiça e a paz se oscularam.
A justiça irá adiante dele,
e a salvação (*irá*) pelo caminho dos seus passos.
(*Salmo* 84, 11-4)

O Senhor não repelirá o seu povo,
nem abandonará a sua herança;
até que a justiça faça brilhar o seu julgamento,
e estejam perto dela todos os que são retos de coração.
(*Salmo* 93, 14-5)

Governará o mundo com justiça,
e os povos com fidelidade.
(*Salmo* 95, 13)

Eu cantarei a graça e a justiça [...].
(*Salmo* 100, 1)

A justiça é estável e imortal.
(*Sabedoria*, 1, 15)

E se alguém ama a justiça,
são obra sua as grandes virtudes,
porque ela ensina a temperança e a prudência,

a justiça e a fortaleza,
que é mais útil que há na vida para os homens.
(*Sabedoria*, 8, 7)

Não vituperes ninguém,
antes de te informar,
e, quando te tiveres informado,
repreende com equidade.
(*Eclesiástico*, 11, 7)

A justiça será o cinto dos seus lombos
e a fé o talabarte dos seus rins.
(*Isaías*, 11, 5)

Ouvi-me, homens de coração duro,
que estais longe da justiça.
(*Isaías*, 46, 12)

Vestiu-se da justiça como de uma couraça,
e pôs sobre a cabeça o capacete da salvação.
(*Isaías*, 59, 17).

Bem-aventurados os que têm fome e sede de justiça,
porque serão saciados.
(*Evangelho de Mateus*, 5, 6)

Bem-aventurados os que sofrerem
perseguição por amor da justiça,
porque deles é o reino dos céus.
(*Evangelho de Mateus*, 5, 10)

[...] revesti-vos do homem novo,
criado segundo Deus na justiça.
(*Epístola de Paulo aos Efésios*, 4, 24)

Ano de 2010*

CAMPANHA ECUMÊNICA

TEMA: **Economia e vida**
LEMA: **Vocês não podem servir a Deus e ao dinheiro**

Ecumenismo é o processo de busca pela união de todos, apesar das diferenças. O termo ecumênico provém da palavra grega οἰκουμένη (*oikouméne*), e significa "mundo habitado", na *antiguidade*. Num sentido mais restrito, emprega-se o termo para congregar os esforços em favor da unidade entre *igrejas cristãs*; num sentido amplo, pode designar a busca da unidade *entre as religiões*. Antigamente, em teologia, definia-se ecumenismo como movimento que visava à unificação das igrejas cristãs católica, ortodoxa, luterana, anglicana e protestante. A definição atual, mais abrangente, considera como ecumenismo a aproximação, a cooperação, a busca fraterna da superação das divisões entre as diferentes igrejas cristãs.

Religião, diz-se, em geral, da relação entre o homem, criatura, e Deus, seu Criador. Religião é a relação de comunhão com Deus – *ordo ad Deum* – vivida e expressada em fatos que visam à sua adoração e glorificação. Vem do Latim *ligo, -as, -are, -avi, -atum*, verbo transitivo, significando ligar, atar, amarrar, unir (em sentido físico e moral). Daí *religo -as, -are, -avi, -atum*, também verbo transitivo, significando (re)ligar, ligar por trás. E *religio, -onis*, substantivo, significando religião, prática religiosa – que está ligada, ou que foi (re)ligada.

* Vide anos de 1973, 1974, 1984, 2007 e 2008.

[...]; e de todas as coisas que me deres
te oferecerei (*ó Senhor*) o dízimo.
(*Gênesis*, 28, 22)

Todos os dízimos da terra,
sejam de grão, ou de frutas das árvores,
são do Senhor, e a ele são consagrados.
(*Levítico*, 27, 30)

Tudo o que oferecerdes dos dízimos,
e que separardes para a oferta ao Senhor,
será o melhor e o mais escolhido. [...].
(*Números*, 18, 19 a 32)

[...]. Comprar-lhes-eis por dinheiro
o alimento que comerdes,
e também lhes comprareis a água que tirardes,
e que beberdes.
(*Deuteronômio*, 2, 6)

Porás à parte, cada ano,
o dízimo de todos os teus frutos,
que nascem da terra,
e comerás na presença do Senhor, teu Deus, [...].
(*Deuteronômio*, 14, 22-3)

Quando tiveres acabado o dízimo
de todos os teus frutos,
no terceiro ano dos dízimos
o darás ao levita, ao estrangeiro, ao órfão e à viúva,
para que comam dentro das tuas portas,
e se fartem.
(*Deuteronômio*, 26, 12)

Com temor do Senhor
mais vale o pouco
do que os grandes tesouros
que nunca jamais saciam.
(*Provérbios*, 15, 16)

O avarento nunca jamais se fartará de dinheiro:
e o que ama as riquezas não tirará fruto delas.
(*Eclesiastes*, 5, 9)

Os levitas oferecerão na casa do nosso Deus
o dízimo do dízimo, que tiverem recebido,
para guardar na casa do tesouro. [...].
(*Neemias*, 10, 38)

[...] onde está o teu tesouro,
aí está também o teu coração.
Ninguém pode servir a dois senhores;
porque ou há de odiar um e amar o outro,
ou há de afeiçoar-se a um e desprezar o outro.
Não podeis servir a Deus e à riqueza. [...].
A cada dia basta o seu cuidado.
(*Evangelho de Mateus*, 6, 24)

[...]. Dai, pois, a César o que é de César,
e a Deus o que é de Deus.
(*Evangelho de Mateus*, 22, 21)

Ai de vós, escribas e fariseus hipócritas!
que pagais o dízimo da hortelã, do endro e do cominho,
e desprezastes os pontos mais graves da lei:
A justiça, a misericórdia e a fidelidade.
(*Evangelho de Mateus*, 23, 23)

Manda aos ricos deste mundo que não sejam altivos,
nem esperem na incerteza das riquezas,
senão no Deus vivo (*que nos dá abundantemente
todas as coisas para nosso uso*).
(*Primeira Epístola de Paulo a Timóteo*, 6, 17)

São tantas as palavras, tantos gestos:
no Éden, a prova humana da serpente;
na arca de Noé, fenomenal enchente;
do Único Deus, soberbos manifestos.

O ser humano é livre em seus protestos:
se faz o mal, se salve penitente;
se segue o bem, se guie humildemente
que para tudo existem sãos digestos.

São tantos os mistérios, tantos sisos,
tantas as letras, tantos pregadores,
tantos os firmes, tantos indecisos...

Antes, agora e ao fim da vida atores,
diante do Supremo dos Juízos
não há como servir a dois senhores.

(*Artêmio Zanon*)

Vassalo de Deus*

O meu viver é marcha sem tambores
porque mantido em rédeas; sou vassalo
e sirvo apenas a um dentre os senhores,
precisamente a um, por demais amá-lo.

Não sou fingido se confesso as dores
que me vão na alma aflita em duro abalo:
vivente sonhador dos sonhadores,
mais sofro se da dor a Deus não falo.

E por saber que um dia tudo acaba,
penso no fim que noutra me começa
a vida eterna e tudo em mim desaba...

Tudo me apronta o pobre coração:
de Deus vassalo, que ninguém me impeça
de suplicar-lhe do erro o seu perdão.
(*Artêmio Zanon*)

---

* Do livro *Cantata lírica para Melânia e outros cantares*. Editora Secco, Florianópolis, SC, 214.

Ano de 2011*

TEMA: Fraternidade e a vida no planeta
LEMA: A criação geme em dores de parto

Creação ou criação?

Atualmente não se faz distinção entre *creação* e *criação*, como outrora, quando *crear* e todas as palavras derivadas se reservavam para as obras divinas. Efetivamente, a distinção já não existe, mas observe-se que ela só surgiu no século XII, conforme se constata no *Dicionário Houaiss*, no verbete de cria, raiz de criar e criação. Tem-se: *cria* do v. lat. *crĕo, as, āvi, creātum, creāre*, significando: criar, produzir, fazer brotar, fazer aumentar, fazer crescer, conexo com o verbo latino *cresco*, crescer; é, pelo vulgar, o étimo do verbo português *criar*, documentado já em 1091; a grafia etimologizante *crear* ocorre episodicamente entre o Século XVII e o Século XIX, tendo havido, nesse Século XIX, até o início do Século XX, postulada por certos gramáticos, a distinção entre *criar*: alimentar, educar, fazer crescer (pessoas, animais, plantas), e *crear*: gerar do nada (como fez Deus) ou inventar do nada (como fazem artistas), distinção cedo denunciada como arbitrária (sobretudo porque a conjugação do *crear* passava a ser ainda mais arbitrária); a prevalência do português *-i-* latim *-e-* é perfeitamente consentânea com a posição pré-tônica de vogal variável, cedo estabilizada como *-i-*, das formas arrizotônicas para as rizotônicas. E, observe-se, *criador*, fundador, autor, em Latim, é *creator, -oris*.

* Ver ano de 2017.

No princípio Deus criou os céus e a terra.
Era a terra sem forma e vazia;
trevas cobriam a face do abismo,
e o Espírito de Deus se movia sobre a face das águas.
(*Gênesis*, 1, 1 e 2)

Então disse Deus:
Façamos o homem à nossa imagem e semelhança,
o qual presida aos peixes do mar,
às aves do céu,
às bestas,
e a todos os répteis que se movem sobre a terra,
e domine em toda a terra.
E criou Deus o homem à sua imagem:
fê-lo a imagem de Deus e criou-os macho e fêmea.
(*Gênesis*, 1, 26-7)

Bendito seja o teu nome glorioso!
A tua grandeza está acima de toda expressão de louvor.
Só tu és o Senhor.
Fizeste os céus e os mais altos céus,
e tudo o que neles há,
a terra e tudo o que nela existe,
os mares e tudo o que neles existe.
Tu deste vida a todos os seres,
e os exércitos dos céus te adoram.
(*Neemias*, 9, 6)

Que o Senhor te escute no dia da provação,
e te proteja o nome do Deus de Jacó.
Do seu santuário ele te socorra,
e de Sião ele te sustente.
(*Salmo* 19, 2 e 3)

Mediante a palavra do Senhor foram feitos os céus,
e os corpos celestes,
pelo sopro de sua boca.
(*Salmo* 33, 6)

Dize ao Senhor: Sois meu refúgio e minha cidadela,
meu Deus, em quem eu confio.
(*Salmo* 90, 2)

Em seu semblante, a majestade e a beleza;
em seu santuário, o poder e o esplendor.
(*Salmo* 95, 6)

Vossos preceitos são minhas delícias,
meus conselheiros são as vossas leis.
(*Salmo* 118, 24)

Levanto os meus olhos para os montes e pergunto:
De onde me vem o socorro?
O meu socorro vem do Senhor,
que fez os céus e a terra.
(*Salmo* 121, 1 e 2)

Tu criaste o íntimo do meu ser
e me teceste no ventre de minha mãe.
Eu te louvo porque me fizeste
de modo especial e admirável.

Tuas obras são maravilhosas!
Disso tenho plena certeza.
(*Salmo* 139, 13-4)
Deus criou o homem desde o princípio,
e deixou-o na mão do seu próprio juízo.
(*Eclesiástico*, 15, 14)
Depois disto,
olhou Deus para a terra,
e a encheu de seus bens.
(*Eclesiástico*, 16, 30)
Deus criou o homem de terra,
e formou-o à sua imagem.
(*Eclesiástico*, 17, 1)
Todas as obras do Senhor são muito boas.
(*Eclesiástico*, 39, 21)
Por ventura não o sabes, ou não o ouviste?
O Senhor é um Deus eterno.
Ele cria os confins da terra,
sem jamais fatigar-se nem aborrecer-se;
ninguém pode sondar sua sabedoria.
(*Isaías*, 40, 28)
Eis o que diz o Senhor Deus
que criou os céus e os desdobrou,
que firmou a terra e toda a sua vegetação,
que dá respiração a seus habitantes,
e o sopro vital àqueles
que pisam o solo.
(*Isaías*, 42, 5)

Ai daquele que discute com quem o formou,
vaso entre os vasilhames de terra!
Acaso diz a argila ao oleiro: Que fazes?
Acaso diz a obra ao operário: És incompetente?
Que os céus, das alturas,
derramem o seu orvalho,
que as nuvens façam chover a vitória;
abra-se a terra e brote a felicidade
e, ao mesmo tempo, faça germinar a justiça!
Sou eu, o Senhor, a causa de tudo isso.
Ai daquele que ousa dizer a seu pai:
Por que me geraste?.
E à sua mãe: Por que me concebeste?
(*Isaías*, 45, 8 a 10)

Eis o que diz o Senhor que criou os céus,
ele, o único Deus que formou a terra
e a estabilizou,
que não a criou para que seja um caos,
mas a organizou para que nela se viva:
eu sou o Senhor, e não tenho rival.
(*Isaías*, 45, 18)

Ah! Senhor Javé,
fostes vós que fizestes o céu e a terra
com a força de vosso braço.
Nada vos é impossível.
(*Jeremias*, 32, 17)

Aquele que constrói seus aposentos no céu,
e firma sobre a terra a abóbada celeste,
aquele que convoca as águas do mar,
e as derrama sobre a face da terra
– Senhor é o seu nome.
(*Amós*, 9, 6)

Porque as suas coisas invisíveis,
desde a criação do mundo,
tanto o seu eterno poder,
como a sua divindade,
se entendem, e claramente se veem
pelas coisas que estão criadas,
para que eles fiquem inescusáveis.
(*Epístola de Paulo aos Romanos*, 1, 20)

Pois sabemos que toda a criação geme e sofre
como que dores de parto até o presente dia.
(*Epístola de Paulo aos Romanos*, 8, 22)

Obs. motivo do Lema
Porque dele, e por Ele, e nele,
são todas as coisas!
A Ele seja dada glória eternamente.
Amém.
(*Epístola de Paulo aos Romanos*, 11, 36)

Todo aquele que está em Cristo
é uma nova criatura.
Passou o que era velho;
eis que tudo se fez novo!
(*Segunda Epístola de Paulo aos Coríntios*, 5, 17)

Pois nele foram criadas todas as coisas
nos céus e na terra,
as visíveis e as invisíveis,
sejam tronos sejam soberanias,
poderes ou autoridades;
todas as coisas foram criadas por Ele e para Ele.
(*Epístola de Paulo aos Colossenses*, 1, 16)

Pois toda casa tem seu construtor,
mas o construtor de todas as coisas é Deus.
(*Epístola de Paulo aos Hebreus*, 3, 4)

Porque de pura vontade sua
é que Ele nos gerou pela palavra da verdade,
a fim de que sejamos como as primícias das suas criaturas.
(*Epístola de Paulo a Tiago Apóstolo*, 1, 18)

E todas as criaturas que estão no céu,
na terra, debaixo da terra e no mar,
e tudo que contêm, eu as ouvi clamar:
Àquele que se assenta no trono e ao Cordeiro,
louvor, honra, glória e poder pelos séculos dos séculos.
(*Apocalipse de João*, 5, 13)

Então vi novos céus e nova terra,
pois o primeiro céu e a primeira terra tinham passado;
e o mar já não existia.
(*Apocalipse de João*, 21, 1)

Ano de 2012

TEMA: **Fraternidade e Saúde Pública**
LEMA: **Que a saúde se difunda sobre a terra**

No *Antigo Testamento*, o povo hebreu acreditava que a doença era causada pelo pecado e a saúde ao obedecer a Deus.

O Senhor, porém, feriu com grandes pragas o faraó
e a sua casa, por causa de Sarai, mulher de Abrão.
(*Gênesis*, 12, 17)

Disse-lhe: Se ouvires a voz do Senhor, teu Deus,
e fizeres o que é reto aos seus olhos,
se inclinares os ouvidos às suas ordens
e observares todas as suas leis,
não mandarei sobre ti nenhum dos males
com que acabrunhei o Egito,
porque eu sou o Senhor que te cura.
(*Êxodo*, 15, 26)

Prestarás culto ao Senhor, teu Deus,
que abençoará teu pão e tua água,
e te preservarei da enfermidade.
(*Êxodo*, 23, 25)

Toma precauções contra a praga da lepra,
observando e praticando cuidadosamente tudo
o que te ensinarem os sacerdotes levíticos.
Cumpre fielmente tudo o que ordenei a esse respeito.
(*Deuteronômio*, 24, 8)

O Senhor aumentará cada vez mais as tuas pragas,
e as pragas de teus filhos,
pragas grandes e perseverantes,
doenças malignas e incuráveis.
Ele trará sobre vocês todas as temíveis doenças do Egito,
e vocês as contrairão.
Fará tornar sobre ti todos os males do Egito,
de que tiveste temor;
e eles não se apegarão a ti.
(*Deuteronômio*, 28, 59 e 60)

Satanás retirou-se da presença do Senhor
e feriu Jó com uma úlcera maligna,
desde a planta dos pés até o alto da cabeça.
(*Jó*, 2, 7)

Para quem são os ais?
Para quem, os pesares?
Para quem, as pelejas?
Para quem, as queixas?
Para quem, as feridas sem causa?
E para quem, os olhos vermelhos?
(*Provérbios*, 23, 29)

Mais vale a morte que uma vida na aflição;
e o repouso eterno que um definhamento sem fim.
(*Eclesiástico*, 30, 17)

Contudo, foi da vontade do Senhor
esmagá-lo e fazê-lo sofrer,
e, embora o Senhor tenha feito da vida dele
uma oferta pela culpa,
ele verá sua prole e prolongará seus dias,
e a vontade do Senhor
prosperará em sua mão.
(*Isaías*, 53, 10)

Jesus, ouvindo isso, respondeu-lhes:
Não são os que estão bem que precisam de médico,
mas sim os doentes.
(*Evangelho de Mateus*, 9, 12)

E haverá grandes terremotos,
fomes e pestes em vários lugares
e acontecimentos terríveis
e grandes sinais provenientes do céu.
(*Evangelho de Lucas*, 21, 11)

Sempre em caminho para Jerusalém,
Jesus passava pelos confins da Samaria e da Galileia.
Ao entrar numa aldeia,
vieram-lhe ao encontro dez leprosos,
que pararam ao longe e elevaram a voz, clamando:
Jesus, Mestre, tem compaixão de nós!
(*Evangelho de Lucas*, 17, 11-4)

Caminhando, viu Jesus um cego de nascença.
Os seus discípulos indagaram dele:
Mestre, quem pecou, este homem ou seus pais,
para que nascesse cego?
Jesus respondeu:
Nem este pecou nem seus pais,
mas é necessário
que nele se manifestem as obras de Deus.
(*Evangelho de João*, 9, 1 a 3)

Lázaro caiu doente em Betânia,
onde estavam Maria e sua irmã Marta.
(*Evangelho de João*, 11, 1)

Pois sabemos que toda a criação geme
e sofre como que dores de parto
até o presente dia.
(*Epístola de Paulo aos Romanos*, 8, 22)

E para que a grandeza das revelações me não ensoberbecesse, permitiu Deus que eu sentisse na minha carne um estímulo, que é o anjo de Satanás, para me atormentar.
Por cuja causa roguei ao Senhor três vezes,
que ele se apartasse de mim:
e então me disse:
Basta-te a minha graça:
porque a virtude se aperfeiçoa na enfermidade.
(*Segunda Epístola de Paulo aos Coríntios*, 12, 7 a 9)

Ano de 2013*

TEMA: Fraternidade e juventude
LEMA: Juventude, caminho aberto

Tendo em vista a dualidade, ou seja *Tema* e *Lema*, por quem de competência, esta a exposição da justificativa, conforme sítio da Wikipédia:

O processo de escolha do *Tema da Campanha* teve início em 15 de outubro de 2010. Nesse dia, o Setor Pastoral da Mobilidade Humana da CNBB começou a coletar assinaturas para um abaixo-assinado que solicitava que o *Tema* fosse *Tráfico de pessoas e trabalho escravo*, uma condição a que estão submetidas cerca de 27 milhões de pessoas em todo o mundo. Para justificar essa escolha, a proposta apontava para o grande número de denúncias envolvendo o tráfico de mulheres, crianças e adolescentes no Brasil.

Destacava também que o combate ao tráfico de pessoas e ao trabalho escravo foi adotado como meta pela Organização Internacional do Trabalho, dentro da perspectiva denominada *Trabalho Decente*.

Os proponentes mencionavam ainda que a escolha desse *Tema*, daria uma "contribuição significativa para o avanço do processo de erradicação dessas práticas e a criação de políticas e programas de ação social que assistam e recuperem suas eventuais vítimas".

---

* Veja-se o ano de 1992.

Dois meses depois, uma outra campanha de coleta de assinaturas foi lançada, propondo que o *Tema* fosse *Juventude*. Essa iniciativa, liderada por Dom Eduardo Pinheiro da Silva, Bispo referencial do Setor Juventude da CNBB, tinha como meta reunir um milhão de assinaturas em favor dessa petição.

A *Caritas* brasileira, por sua vez, liderou uma terceira iniciativa de coleta de assinaturas, propondo o *Tema Fraternidade – Povos e Comunidades Tradicionais*, com a finalidade de articular a campanha de 2013, com as três campanhas que a precederam. Na justificativa, os proponentes apontavam a necessidade de dedicar uma atenção especial à cultura e às condições de vida de pescadores, seringueiros, babaçueiros, quebradeiras de coco, indígenas, quilombolas, faxinalenses, varejeiros, ribeirinhos, caiçaras, cipozeiros e ciganos, que constituem comunidades frequentemente envolvidas em conflitos com a sociedade urbana e industrial.

A decisão final coube ao Conselho Episcopal Pastoral da CNBB que, no dia 15 de junho de 2011, escolheu o *Tema Fraternidade e Juventude.*

No dia 21 de setembro o Conselho Episcopal Pastoral da CNBB, o Consep, definiu o *Lema da Campanha da Fraternidade de 2013*. O versículo tirado do livro do Profeta *Isaías*: *Eis-me aqui, envia-me!* (6, 8)*.

Para o meu proposto: *Campanhas da Fraternidade (temas e lemas): à luz da Bíblia e outros textos*, humildemente

* No texto reproduzido existem notas explicativas e no sítio referido podem ser consultadas.

dou-me por satisfeito com o que consta no ano de 1992, atento que sempre estou à sentença *repetitio est mater studiorum – a repetição é a mãe dos estudos.* Ora, se a repetição é uma mãe, tudo fica melhor compreendido na segunda vez, em qualquer contexto, e o início é entendido corretamente, e sempre melhor, quando se conhece o final.

Ano de 2014

TEMA: Fraternidade e Tráfico Humano

LEMA: É para a liberdade que Cristo nos libertou

Sabe-se que tema é um ou o assunto a ser tratado, e, geralmente, sob um *título*, sendo esse a expressão inicial que introduz o que será o conteúdo do *texto*. *Lema*, também conhecido como *divisa*, *mote* ou *moto* (do provençal e do francês *mot*: palavra, sentença breve; do latim vulgar *mŭttum*, no sentido de som), é uma ideia expressa por uma frase que serve de guia ou de motivação para uma pessoa, grupo, seita, país ou nação. A palavra *lema* vem do grego λήμμα (*lémma*), no sentido de "proposição".

A *Lei de Moisés* permitia que os escravos conquistassem a liberdade mediante certas condições, como se lê em: *Êxodo* 21, 2 a 4, 7 e 8; *Levítico* 25, 39 a 55 e *Deuteronômio* 15, 12-8.

Quase sempre o termo *servo* que se encontra na *Bíblia* é para exprimir o que se quer referir com a palavra *escravo*. A escravidão, como instituição, aparece nos mais antigos anais da Humanidade. Os escravos do *Antigo Testamento* eram obtidos de várias maneiras: prisioneiros de guerra: *Gênesis*, 14, 14; *Deuteronômio*, 20, 14; *Segundo Livro dos Paralipômenos* ou *Crônicas*, 28, 8; *Daniel*, 1, 4.

Os ladrões, e todos aqueles que faziam grande mal, eram vendidos como escravos: *Êxodo*, 22, 3. Se um homem devia dinheiro e não podia pagar, ficava escravo de seu credor, e podia por este ser vendido: *Segundo Livro dos Reis*, 4, 1; *Neemias*, 5, 4 e 5; *Evangelho de Mateus*, 18, 25.

Escravos filhos de escravos e nascidos na casa da família do senhor: *Gênesis*, 14, 14; 15, 3; 17, 23; 21, 10; *Jeremias*, 2, 14 e *Salmos* 86, 16 e 116, 16. Essa categoria de escravos era, geralmente, tratada com mais humanidade do que outras, mas havia, contudo, grande diferença entre seus integrantes e os filhos da família: *Romanos*, 8, 15 e *Gálatas*, 4, 6. É que o seu senhor punha muita confiança neles e mesmo armava-os quando se tratava da defesa geral: *Gênesis*, 14, 14; 32, 6; 33, 1. Os casos de José e de Daniel, são de escravos que foram elevados a posições de grande autoridade.

Em geral a Lei Mosaica era de compaixão para com os escravos: *Êxodo*, 20, 10; 21, 20; 26, 27; *Deuteronômio*, 5, 14; 12, 18; 16, 11; etc. Os hebreus que haviam sido obrigados a servir como escravos deviam obter a liberdade no final do sétimo ano, a não ser que preferissem continuar a serviço do senhor, conforme em *Deuteronômio*, 15, 12.

Estas são as leis que exporás (aos israelitas): Quando comprares um escravo hebreu, ele servirá seis anos; no sétimo sairá livre, sem pagar nada. Se entrou sozinho, sozinho sairá; se tiver mulher, sua mulher partirá com ele. Mas, se foi o seu senhor que lhe deu uma mulher, e esta deu à luz filhos e filhas, a mulher e seus filhos serão propriedade do senhor, e ele partirá sozinho. Porém, se o escravo disser: Eu amo meu senhor, minha mulher e meus filhos; não quero sair livre, seu senhor o levará então diante de Deus e o fará aproximar-se do batente ou da ombreira da porta, e lhe furará a orelha com uma sovela; desta sorte o escravo estará para sempre a seu serviço. Se um homem tiver vendido sua filha para ser escrava, ela não sairá em liberdade nas mesmas condições que o escravo. Se desagradar ao seu senhor, que a havia destinado para si, ele a fará resgatar; mas não poderá vendê-la a estrangeiros depois de lhe ter sido infiel. Se a destinar ao seu filho, a tratará segundo o direito das filhas. Se tomar outra mulher, não diminuirá nada à primeira, quanto à alimentação, aos vestidos e ao direito conjugal. Se lhe recusar uma destas três coisas, ela poderá partir livre, gratuitamente, sem pagar nada. (*Êxodo*, 21, 1 a 12).

Mais: Se teu irmão se tornar pobre junto de ti e se se vender a ti, não exigirás dele um serviço de escravo. Estará em tua casa como um operário, e como um hóspede estará a teu serviço até o ano jubilar. E sairá então de tua casa, ele e seus filhos com ele; voltará para a sua família e para a herança de seus pais. Porque são meus servos que tirei do Egito, não devem ser vendidos como se vende um escravo. Não dominarás sobre ele com rigor, mas temerás o teu Deus. Vossos escravos, homens ou mulheres, os tomareis dentre as nações que vos cercam; delas comprareis os vossos escravos, homens ou mulheres. Podereis também comprá-los dentre os filhos dos estrangeiros que habitam no meio de vós, das suas famílias que moram convosco dentre os filhos que eles tiverem gerado em vossa terra serão vossa propriedade. Podereis deixá-los por herança a vossos filhos depois de vós, para que os possuam plenamente como escravos

perpétuos. Mas, quanto a vossos irmãos, os israelitas, não dominareis com rigor uns sobre os outros. Se se tornar rico o estrangeiro, estabelecido no meio de ti, e teu irmão, seu vizinho, se tornar pobre e se vender a esse estrangeiro que vive no meio de ti, haverá para aquele que se vende um direito de resgate: um de seus irmãos poderá resgatá-lo. Seu tio, o filho de seu tio, ou um de seus próximos parentes poderá também resgatá-lo. Ou então ele mesmo se resgatará, se conseguir os meios de fazê-lo. Com aquele que o tiver comprado, fará a conta desde o ano em que se vendeu a ele até o ano jubilar, e o preço de venda se estimará segundo o número dos anos, avaliando seus dias de trabalho como os de um operário. Se houver ainda muitos anos, pagará o seu resgate em razão desses anos, segundo o preço pelo qual foi comprado; e se faltarem poucos anos até o ano jubilar, fará a conta disso, e pagará o seu resgate em proporção ao número desses anos. Ele estará em sua casa como um operário que trabalha ano por ano, e o comprador não o tratará com rudeza à tua vista. Se ele não for resgatado de nenhuma dessas maneiras, sairá livre no ano jubilar, ele e seus filhos, porque os filhos de Israel são meus servos. São meus servos que tirei da terra do Egito. Eu sou o Senhor, vosso Deus.
(*Levítico*, 25, 39 a 55)

E, ainda: Quando um teu irmão hebreu, homem ou mulher, se tiver vendido a ti, ele te servirá seis anos, mas no sétimo ano tu o despedirás livre de tua casa. Não o deixarás partir com as mãos vazias quando o despedires, mas lhe dá alguma coisa dos teus rebanhos, da tua eira e do teu

lagar, uma parte dos bens com que o Senhor, teu Deus, te cumulou. Lembra-te de que estiveste em servidão no Egito, de onde foste resgatado pelo Senhor, teu Deus. É por isso que hoje te imponho este mandamento. Se, porém, teu escravo disser que não quer deixar-te, porque, sentindo-se feliz em tua casa, ele se apegou a ti e à tua família, então, com uma sovela, fura-lhe a orelha contra a porta, e ele será para sempre teu escravo. Procederás do mesmo modo com tua escrava. Não te seja penoso libertá-lo, porque o serviço que te prestou durante seis anos valeu bem o dobro do salário de um mercenário. Além do mais, o Senhor, teu Deus, te abençoará em todas as tuas empresas.
(*Deuteronômio*, 15, 12-8)

Eu sou o Senhor, [...], e vos livrarei da escravidão.
(*Êxodo*, 6, 6).

Então ouvi a voz do Senhor, conclamando:
Quem enviarei? Quem irá por nós?
E eu respondi: Eis-me aqui. Enviai-me!
Ele disse: Vá e diga a este povo:
Estejam sempre ouvindo,
mas nunca entendam;
estejam sempre vendo,
e jamais percebam.
(*Isaías*, 6, 8)

E Jesus dizia aos judeus que nele creram:
Se permanecerdes na minha palavra,
sereis meus verdadeiros discípulos;
conhecereis a verdade e a verdade vos livrará.

Replicaram-lhe: Somos descendentes de Abraão
e jamais fomos escravos de alguém.
Como dizes tu: Sereis livres?
Respondeu Jesus: Em verdade, em verdade vos digo:
todo homem que se entrega ao pecado é seu escravo.
(*Evangelho de João*, 8, 31-4)

Mas graças a Deus que,
embora tendo sido servos do pecado,
obedecestes de coração à forma de doutrina
a que fostes entregues;
e libertos do pecado,
fostes feitos servos da justiça.
(*Epístola de Paulo aos Romanos*, 6, 17-8)

Pelo que, irmãos, não somos filhos da escrava,
mas sim da que é livre:
com cuja liberdade Cristo nos fez livres.
(*Epístola de Paulo aos Gálatas*, 4, 31)

É para que sejamos homens livres que Cristo nos libertou. Ficai, portanto, firmes e não vos submetais outra vez ao jugo da escravidão. Vós, irmãos, fostes chamados à liberdade. Não abuseis, porém, da liberdade como pretexto para prazeres carnais. Pelo contrário, fazei-vos servos uns dos outros pela caridade, porque toda a Lei se encerra num só preceito: Amarás o teu próximo como a ti mesmo (*Levítico*, 19,18). Mas, se vos mordeis e vos devorais, vede que não acabeis por vos destruirdes uns aos outros. Digo, pois: deixai--vos conduzir pelo Espírito, e não satisfareis os apetites da

carne. Porque os desejos da carne se opõem aos do Espírito, e estes aos da carne; pois são contrários uns aos outros. É por isso que não fazeis o que quereríeis. Se, porém, vos deixais guiar pelo Espírito, não estais sob a Lei. Ora, as obras da carne são estas: fornicação, impureza, libertinagem, idolatria, superstição, inimizades, brigas, ciúmes, ódio, ambição, discórdias, partidos, invejas, bebedeiras, orgias e outras coisas semelhantes. Dessas coisas vos previno, como já vos preveni: os que as praticarem não herdarão o Reino de Deus!
(*Epístola de Paulo aos Gálatas*, 5, 1, 13 a 21)

Ano de 2015

TEMA: **Fraternidade: Igreja e Sociedade**

LEMA: **Eu vim para servir (*Evangelho de Marcos*, 10, 45)**

Igreja, do grego *ekklesia* – assembleia. É a sociedade que Cristo fundou para continuar sua obra de santificação, governo e ensino proporcionando a todos os homens os frutos da Redenção. Cristo mandou aos apóstolos, sob a chefia de Pedro, que governassem e ensinassem sua Igreja; e Ele próprio instituiu a Missa e os Sacramentos como meios para a santificação de todos os homens. Cristo garantiu que sua presença seria contínua dizendo: Eu estarei convosco todos os dias até a consumação dos tempos.
(*Evangelho de Mateus*, 28, 20)

A Igreja é a união de Cristo com a Humanidade numa sociedade hierarquicamente organizada. Essa sociedade é designada como Corpo Místico de Cristo, sendo seus atributos a visibilidade, a perpetuidade, a indefectibilidade e a infalibilidade. A Igreja fundada por Cristo deve ser, e é: Única, com todos os membros unidos sob a mesma autoridade e com a mesma fé: "Tenho ainda outras ovelhas que não são deste aprisco. Preciso conduzi-las também, e ouvirão a minha voz e haverá um só rebanho e um só pastor" (*Evangelho de João*, 10, 16); Santa, por estar santificada pela união com Cristo; Católica ou Universal, porque Cristo fundou-a para todos os homens; Apostólica, guardando e pregando intactas as verdades reveladas aos apóstolos e dos quais recebe através de seus sucessores a autoridade.

A Igreja nasceu no momento da morte de Cristo sobre a cruz, quando a *Lei Antiga* foi substituída pela *Lei Nova*, mas só foi manifestada ao mundo no dia de Pentecostes quando os Apóstolos inspirados pelo Espírito Santo saíram a ensinar a todas as nações, em obediência à ordem de Cristo.

A vida histórica primitiva da Igreja é narrada nos *Atos dos Apóstolos*.

E o Senhor entregou-me as duas tábuas de pedra escritas com o dedo de Deus, nas quais estavam gravadas todas as palavras que o Senhor vos tinha dirigido no monte, no meio do fogo, no dia da assembleia.
(*Deuteronômio*, 9, 10)

O homem, cujos testículos foram esmagados ou cortado o membro viril, não será admitido na assembleia do Senhor. O bastardo não entrará tampouco na assembleia do Senhor, mesmo até a décima geração. O amonita e o moabita não serão admitidos na assembleia do Senhor, mesmo até a décima geração.
(*Deuteronômio*, 23, 2[ss])

Depois o rei virou-se para a assembleia de Israel,
que se conservava de pé e a abençoou.
(*Primeiro Livro dos Reis*, 8, 14)

Tal foi a festa que Salomão celebrou naquele tempo e todo o Israel com ele, tendo concorrido uma imensa assembleia vinda

desde Emat até a torrente do Egito, diante do Senhor, nosso Deus, durante duas vezes sete dias, isto é, catorze dias.
(*Primeiro Livro dos Reis*, 8, 65)

Os céus louvam as tuas maravilhas, Senhor,
e a tua fidelidade na assembleia dos santos.
(*Salmo* 89, 5)

E eu te declaro: tu és Pedro,
e sobre esta pedra edificarei a minha Igreja;
as portas do inferno não prevalecerão contra ela.
(*Evangelho de Mateus*, 16, 18)

Se ele se recusar a ouvi-los,
conte à igreja;
e, se ele se recusar a ouvir também a igreja,
trate-o como pagão ou publicano.
(*Evangelho de Mateus*, 18, 15-7)

Não temas, ó pequenino rebanho,
porque foi do agrado de vosso Pai dar-vos o reino.
(*Evangelho de Lucas*, 12, 32)

Difundiu-se um grade temor por toda a Igreja ,
e entre todos os que ouviram estas coisas.
(*Atos dos Apóstolos*, 5, 11)

A assembleia estava em confusão:
uns gritavam uma coisa,
outros gritavam outra.
A maior parte do povo
nem sabia por que estava ali.
(*Atos dos Apóstolos*, 19, 32)

Se há mais alguma coisa
que vocês desejam apresentar,
isso será decidido em assembleia,
conforme a lei.
(*Atos dos Apóstolos*, 19, 39)

E, tendo dito isso,
encerrou a assembleia.
(*Atos dos Apóstolos*, 19, 41)

Atendei a vós mesmos e a todo o rebanho,
sobre que o Espírito Santo vos constituiu bispos,
para governardes a Igreja de Deus,
que adquiriu com o seu próprio sangue.
(*Atos dos Apóstolos*, 20, 28)

Saudai-vos uns aos outros em ósculo santo.
Todas as igrejas de Cristo vos saúdam.
(*Epístola aos Romanos*, 16, 16)

Não sejais motivo de escândalo,
nem para os judeus,
nem para os gentios,
nem para a Igreja de Deus.
(*Primeira Epístola de Paulo aos Coríntios*, 10, 32)

As igrejas da Judeia,
que criam em Cristo,
nem mesmo de vista me conheciam, [...].
(*Epístola de Paulo aos Gálatas*, 1, 22)

Ano de 2016

TEMA: **Casa comum, nossa responsabilidade**

LEMA: **Quero ver o direito brotar como fonte e correr a justiça qual riacho que não seca***

Denominou-se *Campanha da Fraternidade* ou *Campanha da Fraternidade Ecumênica.*

Casa: No sentido mais amplo da palavra *baytith*, emprega-se para significar qualquer habitação fixa, ou móvel. Pode ter-se derivado de uma raiz que significa *passar a noite*. Também o Tabernáculo de Deus, embora tenha sido apenas uma tenda, é, algumas vezes, chamado a *casa*, a *residência* de Deus.

Substantivo feminino, em Latim: *domus, -us*, e *domus*, em sentido próprio: casa, moradia, domicílio, com se constata em *De Finibus* (5, 421), de Cícero. E também de Cícero, em *Orator* (89). Há diversidades de conotações.

Fonte, singelamente, diz-se da água que sai da terra; nascente: exemplo: fonte de água mineral. Em sentido figurado: o que dá origem a algo ou é o princípio de alguma coisa; origem, causa: a eleição é uma fonte do poder. Diz-se: o sol é fonte da luz e do calor; Deus é a fonte de toda sabedoria.

* Veja-se a Campanha do ano de 2004.

Etimologicamente a palavra fonte deriva do latim *fons*, *fontis*, que significa fonte, nascente. Assim, por exemplo, se encontra em Cícero, *Verrinas* (4, 118). Figurativamente significa texto original de uma obra ou do qual são retiradas informações para um trabalho; ainda: de onde provém uma informação: matéria com fonte segura; e, pessoa ou situação que revela as informações referentes a um determinado fato.

Moisés disse ao faraó:
Determina-me quando deverei rogar por ti,
pelos teus servos e pelo teu povo,
a fim de que as rãs sejam afastadas de ti,
da tua casa, dos teus servos, [...].
(*Êxodo*, 8, 9)

Quando você construir uma casa nova,
faça um parapeito em torno do terraço,
para que não traga sobre a sua casa
a culpa pelo derramamento de sangue inocente,
caso alguém caia do terraço.
(*Deuteronômio*, 22, 8)

Por isso anunciaram em todas as suas cidades e em Jerusalém: Saiam às montanhas e tragam ramos de oliveiras cultivadas, de oliveiras silvestres, de murtas, de tamareiras e de árvores frondosas, para fazerem tendas, conforme está escrito.

Então o povo saiu e trouxe os ramos, e eles mesmos construíram tendas nos seus terraços, nos seus pátios, nos pátios do templo de Deus e na praça junto à porta das Águas e na que fica junto à porta de Efraim. Todos os que tinham voltado do exílio construíram tendas e moraram nelas. Desde os dias de Josué, filho de Num, até aquele dia, os israelitas não tinham celebrado a festa dessa maneira. E grande foi a alegria deles.
(*Neemias*, 8, 15-7)

Ele não confia nem nos seus próprios servos;
até mesmo nos seus anjos encontra defeito,
quanto mais nos seus hóspedes em casas de barro,
que têm o pó por fundamento!
São esmagados como a traça.
(*Jó*, 4 , 18 e 19)

Alegrei-me com os que me disseram:
Vamos à casa do Senhor!
Lá estão os tribunais de justiça,
os tribunais da casa real de Davi.
(*Salmo*, 122, 1 e 5)

Ai daquele que edifica a sua casa com iniquidade,
e os seus aposentos com injustiça;
que se serve do trabalho do seu próximo sem remunerá-lo,
e não lhe dá o salário;
que diz: Edificarei para mim uma casa espaçosa,
e aposentos largos;
e que lhe abre janelas, forrando-a de cedro,
e pintando-a de vermelhão.
(*Jeremias*, 22, 14-5)

Os babilônios, que estão atacando esta cidade,
entrarão e a incendiarão.
Eles a queimarão com as casas
nas quais o povo provocou a minha ira
queimando incenso a Baal nos seus terraços
e derramando ofertas de bebida em honra a outros deuses.
(*Jeremias*, 23, 29)

Portanto, vigiem, porque vocês
não sabem em que dia virá o seu Senhor.
Mas entendam isto:
se o dono da casa soubesse a que hora da noite o ladrão viria,
ele ficaria de guarda
e não deixaria que a sua casa fosse arrombada.
(*Evangelho de Mateus*, 24, 42-3)

Ano de 2017

TEMA: **Fraternidade: biomas brasileiros e defesa da vida**

LEMA: **Cultivar e guardar a Criação**

Sed ubi est veritas? – Onde está a verdade?
Cícero, em *De natura deorum* (1, 67).

No princípio, Deus criou o céu e a terra (*Gênesis*, 1, 1), ou seja: Tudo teve um começo único e absoluto.

Quando, no princípio, Deus criou o céu e a terra, a terra estava sem forma, vazia e nua (*Gênesis*, 1, 2), assim é como estava o "mundo", o "cosmo", o "universo", quando Deus começou a "criar".

Ou, tomando todo o Gênesis como informação de base: Quando, no princípio, Deus criou o céu e a terra, a terra estava sem forma e vazia, e, então, o Criador, iniciando a obra, disse: Faça-se a luz! (*Gênesis*, 1, 3).

Certamente que o "dia" bíblico da obra divina, é, a meu entender, tempo metafórico para indicar uma possível sequência da "criação", como um todo e no todo.

Disse também Deus:
Façamos o homem à nossa imagem e semelhança,
o qual presida aos peixes do mar,
às aves do céu,

às bestas,
e a todos os répteis que se movem sobre a terra,
e domine em toda a terra.
E criou Deus o homem à sua imagem:
fê-lo à imagem de Deus,
e criou-os macho e fêmea.
(*Gênesis*, 1, 26-7)

Formou pois o Senhor Deus ao homem do limo da terra,
e assoprou sobre o seu rosto um assopro de vida;
e recebeu o homem, alma e vida.
(*Gênesis*, 2, 7)

O Senhor Deus tomou o homem
e o colocou no jardim do Éden,
para cultivar o solo e o guardar.
(*Gênesis*, 2, 15)

Pois em seis dias o Senhor fez os céus e a terra,
o mar e tudo o que neles existe,
mas no sétimo dia descansou.
Portanto, o Senhor abençoou o sétimo dia e o santificou.
(*Êxodo*, 20, 11)

Só tu és o Senhor, tu só fizeste o céu,
e o céu dos céus, e todo o seu exército:
a terra, e tudo o que há nela,
e tudo o que neles se contêm:
e tu dás vida a todas estas coisas
e o exército do céu te adora.
(*Neemias*, 9, 6)

É o que diz Deus, o Senhor,
aquele que criou o céu e o estendeu,
que espalhou a terra
e tudo o que dela procede,
que dá fôlego aos seus moradores
e vida aos que andam nela.
(*Isaias*, 42, 5)

Pois desde a criação do mundo
os atributos invisíveis de Deus,
seu eterno poder e sua natureza divina,
têm sido vistos claramente,
sendo compreendidos por meio das coisas criadas,
de forma que tais homens são indesculpáveis.
(*Epístola de Paulo aos Romanos*, 1, 20)

[...] pois nele foram criadas
todas as coisas
nos céus e na terra,
as visíveis e as invisíveis,
sejam tronos sejam soberanias,
poderes ou autoridades;
todas as coisas foram criadas por ele e para ele.
(*Epístola de Paulo aos Colossenses*, 1, 16)

E noutro lugar: Tu, Senhor,
no princípio fundaste a terra:
e os céus são obras de tuas mãos.
(*Epístola de Paulo aos Hebreus*, 1, 10)

E vi um céu novo,
e uma terra nova.
Porque o primeiro céu
e a primeira terra se foram,
e o mar já não é.
(*Apocalipse*, 21, 1)

Ano de 2018

TEMA: **Fraternidade e superação da violência**

LEMA: **Vós sois todos irmãos**
(*Evangelho de Mateus*, 23, 8)

Irmão, substantivo masculino, diz-se, em geral, ao nascido do mesmo pai e da mesma mãe. Em sentido figurado: pessoa que possui uma proximidade afetiva muito grande em relação a outra: *v. g.* considero-o como um irmão. Adepto das mesmas correntes, filosofias, opiniões e crenças religiosas que outro: *v. g.* irmão na fé cristã. Nome que se dão entre si os religiosos e os maçons. Expressão: irmãos de armas; companheiros de guerra; irmãos consanguíneos; irmãos que compartilham apenas o mesmo pai; irmãos germanos: irmãos que possuem o mesmo pai e a mesma mãe; irmãos gêmeos nascidos do mesmo parto; irmãos uterinos. Filhos da mesma mãe (vitelinos), mas de pais diferentes; irmãos colaços: os que foram amamentados pela mesma mulher, mas de mães diferentes: irmãos de leite; irmãos siameses: irmãos que compartilham o mesmo corpo. Ainda: irmãos siameses, pessoas inseparáveis, embora não sejam realmente irmãos carnais.

Essa modalidade de irmandade é genérica.

Nas *Sagradas Escrituras*, a palavra irmão é empregada em várias acepções: ora é aplicada aos filhos do mesmo pai, mas de mães diferentes; ora da mesma mãe, mas de pais diferentes, como no caso de Benjamin que é chamado irmão de Ruben e dos outros filhos de Jacó, embora de mãe diferente, ao menos da de alguns deles (*Gênesis*, 42, 15).

O termo é usado também para parentes mais distantes como é usual dizer-se meio-irmão, como sobrinhos, tios e primos de vários graus de parentesco como se lê em *Gênesis*, 14, 14: *Abrão tendo sabido que Ló seu irmão, ficara prisioneiro [...]*; em *Levítico*, 10, 4: *E Moisés tendo chamado a Misael, e a Elisafan, filhos de Oziel, tio de Aarão, lhes disse: ide, tirai vossos irmãos de diante do santuário [...]*; em *Primeiro Livro dos Paralipômenos* ou *Crônicas*, 9, 6: *E da tribo de Benjamin: Salo filho de Mosolão, filho de Oduia, filho de Asana [...] e os irmãos destes por suas famílias, até o número de novecentos e cinquenta e seis.*

Até mesmo os membros de uma mesma tribo, algumas vezes, são chamados de irmãos, como em *Segundo Livro dos Reis*, 19, 12: *Vós sois meus irmãos, sois meu osso, e minha carne [...]* e em *Primeiro Livro dos Paralipômenos*, 12, 2: *E já o rei vai adiante de vós: eu, porém, envelheci e estou cheio de cãs: meus filhos, porém, estão convosco; [...]*; ou membros de uma mesma nação, tal como se lê em *Gênesis*, 16, 12: *Este será um homem fero, cuja mão será contra todos, e contra o qual terão todos a mão levantada. Ele porá as suas tendas defronte de todos os seus irmãos*; em *Êxodo*, 2, 11: *Neste tempo, sendo Moises já homem, foi ele ver seus irmãos. [...]* e em *Deuteronômio*, 2, 4-8: *[...] vós passareis pelos confins dos filhos de Esaú vossos irmãos, que habitam em Seir [...].*

O termo irmão é também aplicado aos amigos ou de algum modo associados como se lê em *Josué*, 14, 8: *Porém meus irmãos, que tinham ido comigo, fizeram descoroçoar o povo [...]*; em *Primeiro Livro dos Reis*, 30, 23: *[...] Mas Davi disse: não fareis assim, meus irmãos, [...]*; em *Segundo Livro dos Reis*, 1, 26: *Por ti me encho de mágoas, meu irmão Jônatas, [...]* e em *Amós*, 1, 9: *Isto diz o Senhor: Depois [...], pois estes homens encerraram toda a gente do cativeiro na Idumeia e não se lembraram da aliança que tinham feito com seus irmãos.*

Por causa da descendência de todos os seres humanos de Adão e Eva, qualquer pessoa pode chamar a outrem de irmão, conforme se depreende em *Gênesis*, 9, 5: *Porque eu tomarei vingança [...] e vingarei a vida do homem da mão do homem, que lhe tiver tirado, ou ele seja seu irmão, [...]*. O que também está no *Novo Testamento*, como no *Evangelho de Mateus*, 5, 22: *Pois eu digo-vos: que todo o que se ira contra seus irmãos, será réu no juízo, e o que disser a seu irmão: Raca, será réu no conselho; [...]* e na *Epístola de Paulo aos Hebreus*, 2, 11: *Por esta causa não tem rubor de lhes chamar de irmãos: louvar-te-ei no meio da Igreja.*

Disse, pois, Judite, a todo o povo:
Ouvi-me, irmãos, [...].
(*Judite*, 14, 1)

Também no *Novo Testamento*, há referências aos "irmãos do Senhor", como se pode ler no *Evangelho de Marcos*, 3, 31: *E chamaram sua mãe e seus irmãos*; no *Evangelho de João*, 2, 12: *Depois disto vieram para Cafarnaum, ele e sua mãe, e seus irmãos, [...]*; veja-se também do mesmo

Evangelista, Capítulo 7, vs 3 e 10; na *Primeira Epístola de Paulo aos Coríntios*, 9, 5: *Portanto julguei que era necessário rogar aos irmãos, [...]*, etc.

Apenas para referir, no *Evangelho de Mateus*, além do citado, encontram-se estas passagens referentes a irmão(s): 12, 46; 13, 55; 18, 35; 25, 40 e 28, 10 e no *Evangelho de Lucas*, 22, 32.

É sabido que também no *Antigo Testamento*, o termo *irmã*, designava o seu correspondente masculino *irmão*, como se pode constatar em *Gênesis*, 20,12 e também no *Novo Testamento* como no *Evangelho de Marcos*, 6, 3 e no *Cântico dos Cânticos*, 4, 9: *Tu feriste o meu coração, irmã minha esposa, [...]*.

Observa-se que nesse documento, com os tempos, a palavra irmã, se estendeu a qualquer mulher da mesma raça, tribo ou nação.

No *Novo Testamento*, as mulheres batizadas, as vezes, são chamadas irmãs, como na *Epístola de Paulo aos Romanos*, 16, 1: *Recomendo-vos, pois, a nossa irmã Febe, [...]*; na *Epístola Católica de Tiago*, 2, 15: *Se um irmão, porém, ou uma irmã estiveram nus, [...]* e *Epístola de Paulo a Filémon*, 2: *[...] e a Ápia nossa muito amada irmã*, e *[...]*.

Certamente não serei eu o primeiro a formular este tipo de indagação, por força de tudo quanto consta no *Antigo Testamento*: Por que tanta violência na *Bíblia?* Sabe-se que, quanto às ofertas de sacrifícios a Deus, no *Antigo Testamento*, eram semelhantes às das milenares tradições pagãs. Somente a partir do ano 70 d. C., já não se faziam ofertas de sacrifícios de sangue, mas os sacrifícios foram como que sublimados, eram sacrifícios de louvor espiritual a Deus.

Ano de 2019

TEMA: **Fraternidade e Políticas Públicas**

LEMA: **Serás libertado pelo direito e pela justiça (*Isaías* 1, 27)**

O versículo, nos textos que consultei, tem esta dicção (*Edições Paulinas*, 1982): *Sião será resgatada em juízo, e será restabelecida em justiça*, e, na *Paulus* (2012): *Sião será redimida pelo direito, e os seus retornantes, pela justiça.* O que não está a impedir a adaptação feita, para o objetivo genérico do lema.

Consoante minha pesquisa, não se encontra o substantivo *fraternidade* na *Bíblia*.

Penso que a diferença entre *fraternidade* e *irmandade* não deve ser causa de qualquer preocupação ortodoxa. Fraternidade, do latim *fraternitas*, *-tatis*, oriunda de *frater*, *-tis*, ambos substantivos, esse, em sentido próprio, significando irmão por sanguinidade, sendo o parentesco precisado por um epíteto: *germanus*, *geminus* ou *uterinus*; e o outro, em sentido próprio, significando também, mais amplamente, fraternidade, parentesco entre irmãos. Mais abrangente é o adjetivo *fraternus*, *-a*, *-um*.

Assim, fraternidade é a relação de parentesco estabelecida entre irmãos (admitido-se a designação de irmandade); é convivência afetuosa entre irmãos; afeto demonstrado a quem se conhece; amor ao próximo. Irmandade, além do visto, que também significa relação entre irmãos, pode indicar uma confraria, uma associação cujo funcionamento se baseia em preceitos religiosos, associação de pessoas que se reúnem por um mesmo objetivo, normalmente comunitário. Forma-se de *irman+dade*, do latim *germanitas, -tatis*.

Rigorosamente, *irmão*, do latim *germanu*, filho do mesmo pai e da mesma mãe, ou só do mesmo pai (irmão, consanguíneo), ou só da mesma mãe (irmão uterino ou vitelino, em relação a outro filho).

Grosso modo, e penso que é este o sentido do tema, fraternidade e irmandade podem ser usados como sinônimos.

A *Bíblia*, registrando as instituições sociais da época, refere-se naturalmente à escravidão, a qual, entre os judeus, tinha forma mais mitigada, como se lê em *Gênesis*, 43, 18: Então passados de medo diziam eles entre si: *[...]*, e nos oprimir, reduzindo-nos à escravidão, e *[...]*; e: Lembra-te que foste escravo no Egito e que o Senhor teu Deus te tirou de lá. *[...]* (*Deuteronômio*, 24, 18); e em *Provérbios* (29, 19): O escravo não pode ser ensinado por palavras: porque ele entende o que tu dizes, e despreza responder, *[...]*, como também: Com um escravo, quando este reinar: com um insensato, quando estiver farto de comer; *[...]*; e com uma escrava , quando esta vier a ficar herdeira de sua senhora (*Provérbios*, 30, 22-3).

A *Lei de Moisés* permitia que os escravos conquistassem a sua liberdade sob certas condições: Se tu comprares um escravo hebreu, ele te servirá seis anos, e ao sétimo será forro de graça. *[...]* (*Êxodo*, 21, 2-8); em *Levítico* (25, 39-55): Se a pobreza reduziu teu irmão a se te vender, não oprimas, tratando-o como escravo: mas tratá-lo-ás como um jornaleiro e um inquilino. *[...]* e em *Deuteronômio* (15, 12-8): Quando te for vendido um teu irmão hebreu ou hebreia, e, te tiverem servido seis anos, no sétimo ano tu os deixarás ir livres: e não deixarás ir com as mãos vazias aquele a quem deres a liberdade: *[...]*.

A lei romana considerava livre o homem que nascia livre; o escravo forro ou liberto era aquele que comprava a própria liberdade ou aquele a quem era concedida, e não tinha os mesmos direitos que o homem livre, conforme se lê em *Atos dos Apóstolos* (22, 28): E respondeu o tribuno: A mim custou-me uma grande soma de dinheiro alcançar este forro de cidadão.

Na sociedade da *Nova Lei*, a escravatura foi aceita como instituição aprovada civil e economicamente. O Cristianismo, no entanto, estabeleceu princípios que, mais cedo ou mais tarde, fulminariam a escravidão: Sabendo que cada um receberá do Senhor a paga do bem que tiver feito, ou seja escravo, ou livre. *[...]* (*Epístola de Paulo aos Efésios*, 6, 8); e: Pais, não provoqueis, *[...]*. Servos, obedecei em todas as coisas a vossos senhores, temporais, *[...]* (*Epístola da Paulo aos Colossenses*, 3, 22ss) e também na *Epístola de Paulo a Filémon*, no todo.

Os Apóstolos importaram-se mais com a escravidão espiritual ou moral do que com a escravidão física, uma vez que a escravidão moral ou servidão do mal redunda na ruína eterna do homem, como se lê: *[...]*. E libertados do pecado, haveis sido feitos servos da justiça. *[...]* (*Epístola de Paulo aos Romanos*, 6, 15 a 23); e *[...]*. Prometendo-lhes a liberdade, quando eles mesmos são escravos da corrupção: porque todo o que é vencido, é também escravo daquele que o venceu. (*Segunda Epístola de Pedro Apóstolo*, 2, 17 a 22).

O fato de ser escravo em nada impede, necessariamente, de servir a Deus como deve ser servido, é o que se lê: Servos, obedecei a vossos senhores temporais com temor, e tremor, na sinceridade de vosso coração com Cristo. [...] (*Epístola de Paulo aos Efésios*, 6, 5-9), e: Servos, sede obedientes aos vossos senhores com todo o temor, não somente aos bons e moderados, mas também aos de dura condição [...] (*Primeira Epístola de Pedro*, 2, 18 a 22).

O próprio Nosso Senhor adverte os homens para que não se tornem escravos do pecado: [...]. Respondeu-lhes Jesus: Em verdade, em verdade vos digo: que todo o que comete pecado, é escravo do pecado (*Evangelho de João*, 8, 34). O Apóstolo das gentes prega que os homens devem antes ser escravos da Justiça: [...]. E libertados do pecado, haveis sido feitos servos da justiça. (*Epístola de Paulo aos Romanos*, 6, 18).

É admitido, mas a história não a consagra, que a escravidão forçada, na qual uma pessoa se torna propriedade de outra é contrária à lei natural, uma vez que viola os direitos fundamentais e tende, inevitavelmente, a degradar a dignidade humana.

A Igreja surgiu num tempo em que a escravidão era parte integrante do sistema social. Por isso tolerou-a, mas procurando sempre mitigá-la. A abolição imediata poderia provocar grandes transtornos; no entanto os ensinamentos de caridade, de igualdade e de fraternidade, de todos os homens, em Cristo, levaram a humanidade à extinção gradual da escravidão. Além das frequentes alforrias dadas em vida, tornou-se prática comum para os cristãos proprietários de escravos emancipá-los por ocasião da morte, como última vontade, ou por ocasião de grandes acontecimentos.

Em 10 de dezembro de 1948, na Assembleia Geral das Nações Unidas, foi proclamada e adotada a declaração Universal dos Direitos Humanos. São várias as disposições que, direta ou indiretamente, conotam com os assuntos dos temas e dos lemas eleitos para as Campanhas da Fraternidade desde o ano de 1964. Que me valha o Artigo Primeiro: *Todos os seres humanos nascem livres e iguais em dignidade e direitos. São dotados de razão e consciência e devem agir em relação uns aos outros com espírito de fraternidade.*

Ano de 2020*

TEMA: **Fraternidade e vida: dom e compromisso**

LEMA: **Viu, sentiu compaixão e cuidou dele** (*Evangelho de Lucas 10, 33-4*)

Esta a dicção dos versículos do Capítulo 10, do médico evangelista: *Mas um samaritano, que ia em seu caminho, chegou perto dele: e quando o viu, se moveu à compaixão. E chegando-se lhe atou as feridas, lançando nelas azeite e vinho, e, pondo-o sobre a sua cavalgadura, o levou a uma estalagem, e teve cuidado dele.*

O *Lema* é, pois, síntese dessa exemplar obra de misericórdia corporal.

O substantivo feminino *fraternidade*, do latim *fraternitas, -tatis*, em sentido próprio fraternidade, parentesco entre irmãos, e em sentido figurado união entre outras pessoas, pelas razões, motivos e circunstâncias, com o mesmo significado, além do quanto se assinou inicialmente, consta como tema único no ano de 1966.

No seguir dos anos: em 1973 – *Tema*: Fraternidade e libertação; 1973 – *Tema*: Fraternidade e libertação; 1975 – *Tema*: Fraternidade é repartir; 1976 – *Tema*: Fraternidade e comunidade; 1977 – *Tema*: Fraternidade na família; 1978 – *Tema*: Fraternidade no mundo do trabalho; 1980 – *Tema*: Fraternidade

* Veja-se o posto no final do ano de 2019.

no mundo das migrações: exigência da Eucaristia; 1981 – *Tema*: Saúde e fraternidade; 1982 – *Tema*: Educação e fraternidade; 1983 – *Tema*: Fraternidade e violência; 1984 – *Tema*: Fraternidade e vida, isso na primeira fase, no subitem "Renovação do Cristo", em 1966, e, recorrentemente, como não era de deixar de ser, pelo próprio nome da Campanha, na segunda e na terceira fases. Quanto aos respectivos objetivos dos temas em cada Campanha, fica o interesse da (re)leitura a critério de quem está a compulsar os textos desta humilde contribuição cristã a que se destina esta obra.

Vida, em Latim *vita*, *-æ* (em oposição a *mors*, *mortis*, morte).

A palavra hebraica para vida é *chaiyah*.

No *Antigo Testamento* a palavra vida é de suma importância. A *Bíblia* tem a vida como um de seus principais temas. Ela narra sobre o início da vida em *Gênesis*, fala de como o ser humano vive de forma plena e trata da ligação entre a vida humana com seu Criador. Esse termo refere-se à vida física. Sabe-se que os teólogos judeus apontam uma complexidade na ideia de vida que entra em contradição com a concepção cristã. Segundo eles, os hebreus antigos não tinham a ideia de alma como algo separado do corpo. A divergência sobre a vida no sentido não corpóreo vem da interpretação do termo *nephesh* que significa fôlego de vida (*Gênesis* 2. 7). Para os hebreus antigos esse termo está próximo da ideia de *anima* do grego primitivo, exatamente, em latim: *anima*, *-ae*, substantivo feminino, em sentido próprio sopro, emanação, ar, daí alma (princípio vital), sopro vital, vida, uma espécie de espectro da vida ao *chaiyah*.

Para os cristãos *nephesh* é a alma, no sentido de uma vida espiritual dada por Deus. Essa alma continua vivendo em uma vida após a morte, sendo para condenação ou salvação. A palavra *chaiyah*, que corresponde à palavra vida em hebraico, está diretamente ligada à ideia de corpo. É a vida do corpo, física, biológica. Ela é a vida que se vive na terra. Esse termo pode ter o sentido de viver, estar vivo, o modo como se vive, ser vivo ou até restaurar.

O *Antigo Testamento* emprega a palavra *chayah* que vem da raiz primitiva *chavah* com a ideia de respirar. O substantivo *chayah* significa viver, ter vida, permanecer vivo, sustentar a vida, se estiver na forma gramatical Hifil, a qual, em geral, expressa a ação causativa, tem o sentido de preservar vivo, deixar viver, reanimar, reviver, sustentar (no sentido de alimento), restaurar à vida.

Como se lê: *[...], e a todos os animais da terra, a todas as aves do céu e a tudo o que tem vida e movimento sobre a terra para terem de que se sustentar* (Gênesis, 1, 30); *Então o Senhor Deus formou o homem do pó da terra e soprou em suas narinas o fôlego de vida, e o homem se tornou um ser vivente* (Gênesis, 2, 7); *Tinha também o senhor Deus feito nascer da terra todas as castas de árvores agradáveis à vista, e cujo fruto era gostoso ao paladar: e a árvore da vida no meio do paraíso, [...]* (Gênesis, 2, 9); *[...] e: [...] e não deixavam aos israelitas nada do necessário para a vida, nem ovelhas, nem bois, nem jumentos* (Juízes, 6, 4); *[...]. Fica comigo, servir-me-ás, [...], dar-te-ei cada ano dez moedas de prata, [...] e o que te for necessário para sustento* (Juízes, 17, 10); *O que segue a justiça e a bondade achará a vida, a justiça e a honra* (Provérbios, 21, 21).

Existem diversos sentidos e traduções para a palavra vida em hebraico. Vejamos alguns exemplos de como a palavra *chaiyah* se apresenta e é traduzida (na *Bíblia*).

No sentido de restaurar, reparar:

Depois dele, Binui, filho de Henadade, reparou outro trecho, desde a casa de Azarias até à esquina do muro (*Neemias*, 3, 24).

Como vida dada por Deus:

O Espírito de Deus me fez; o sopro do Todo-poderoso me dá vida (*Jó*, 3, 4).

Preservar pessoas vivas, manter-se vivo:

Agora estou prostrado no pó; vivifica-me conforme a tua promessa (*Salmo* 118, 25); *[...] Porventura caçareis as almas do meu povo e as almas guardareis em vida para vós?* (*Ezequiel*, 13, 18).

Sustentar a vida, modo de vida:

E pela tua espada viverás, e ao teu irmão servirás. [...] (*Gênesis*, 27, 40).

Reviver:

[...] para te dar a entender que o homem não viverá só de pão, mas de tudo o que sai da boca do Senhor viverá o homem (*Deuteronômio*, 8, 3).

Consta que a palavra *chaiyah*, aparece aproximadamente 260 vezes na *Bíblia* Hebraica.

O *Novo Testamento* emprega a palavra *zoe* como vida:

Depois lhes disse: Guarda-vos, [...] porque a vida de cada um não consiste na abundância das coisas que possui (*Evangelho de Lucas*, 12, 15);

Nele estava a vida e a vida era a luz dos homens [...] (*Evangelho de João*, 1, 4);

E Jesus lhes disse: Eu sou o pão da vida; aquele que vem a mim não terá fome; e quem crê em mim nunca terá sede (*Evangelho de João*, 6, 35);

Eu sou a luz do mundo. Quem me segue, nunca andará em trevas, mas terá a luz da vida (*Evangelho de João*, 8, 12);

O ladrão vem apenas para roubar, matar e destruir; eu vim para que tenham vida e a tenham plenamente (*Evangelho de João*, 10, 10);

Respondeu-lhe Jesus: Eu sou o caminho, a verdade, e a vida (*Evangelho de João*, 14, 6);

Pois assim como pelo pecado de um [...], assim também pela justiça de um só, recebem todos os homens a justificação da vida (*Epístola de Paulo aos Romanos*, 5, 18); etc.

Consta que a palavra vida aparece 451 vezes nas *Sagradas Escrituras*, das quais 317, no *Antigo Testamento* e 134, no *Novo Testamento*.

Ano de 2021

TEMA: **Fraternidade e diálogo: compromisso de amor**

LEMA: **Cristo é a nossa paz: do que era dividido, fez uma unidade**
(Epístola de Paulo aos Efésios, 2, 14)

Do versículo, no *Livro Sagrado* que tenho por base, copio: *Porque ele é a nossa paz, ele que de dois fez um, e destruindo na sua própria carne o laço do muro das inimizades, que os dividia: [...].* (*Epístola de Pulo aos Efésios*, 2, 14).

Em nota, lê-se: *O laço do muro da inimizade*: alusão à balaustrada que no pátio do Templo separava a parte reservada aos israelitas da dos gentios. Cristo destruiu com sua morte essa hostilidade e dos *dois* (pagãos e judeus) *fez um* (povo).

Paz, do Latim *pax*, *pacis*, paz (ausência de guerra, de hostilidade, de inimizade, etc).

A palavra paz, de acordo com a conceituação bíblica, é a harmonia entre Deus e os homens, e dos homens entre si.

Paz é um estado de tranquilidade e harmonia interior, com Deus e com as outras pessoas. A verdadeira paz vem de um relacionamento com Deus, através de Jesus Cristo. A paz é um dos frutos do Espírito, conforme se lê: *Mas o fruto do espírito é: a caridade, o gozo, a paz, a paciência, a benignidade, a bondade, e a longanimidade, a mansidão, a fidelidade, a modéstia, a continência, a castidade* (*Epístola de Paulo aos Gálatas* 5, 22-3).

De conformidade com a *Bíblia*, há diferentes tipos de paz: em sentido de paz nacional: *Eu darei paz dentro de vossos limites: vós dormireis descansados sem haver quem vos inquiete* (*Levítico*, 26, 6).

Paz com Deus: *E reconciliar por ele a si mesmo todas as coisas, pacificando pelo sangue da sua cruz, tanto o que está na terra, como o que está no céu. [...]. Agora por certo vos reconciliou no corpo da sua carne pela morte, [...]* (*Epístola de Paulo aos Colossenses*, 1, 21-3).

Paz interior: *Porque eu me deleito na lei de Deus, segundo o homem interior. Mas sinto nos meus membros outra lei, que repugna à lei do meu espírito, [...]* (*Epístola de Paulo aos Romanos*, 7, 22-3) e: *E a paz de Deus, que sobrepuja todo o entendimento, guarde os vossos corações, e os vossos sentimentos em Jesus Cristo* (*Epístola de Paulo aos Filipenses*, 4, 7).

Paz nos relacionamentos: *Bem-aventurados os pacíficos, porque eles serão chamados filhos de Deus* (*Evangelho de Mateus*, 5, 9) e: *Se pode ser, quanto estiver da vossa parte, tende paz com todos os homens, [...]* (*Epístola de Paulo aos Romanos*, 12, 18).

Shalom é palavra hebraica que significa paz, harmonia, integridade, prosperidade, bem-estar e tranquilidade e pode ser usada idiomaticamente para significar tanto *olá* e *adeus*.

Shalom ou *Salom* é a palavra no *Antigo Testamento* que descreve, melhor que qualquer outro termo a compreensão hebraica da saúde total. *Shalom* e outras palavras relacionadas, tais como *Shalem*, *Shelem* e suas derivadas estão entre os mais importantes termos teológicos do *Antigo*

Testamento. Além de saúde e bem-estar, *Shalom* ocorre mais de 250 vezes em 213 diferentes passagens. *Shalom* é usada 25 vezes como saudação ou como despedida: *[...]. O velho lhe respondeu: A paz seja contigo, [...]* (*Juízes*, 19, 20); desejar *Shalom* a alguém implicava a dar uma bênção: *E dir-lhe-eis: Paz seja a meus irmãos, e a ti, paz seja à tua casa e paz seja a tudo o que tens* (*Primeiro Livro dos Reis*, 25, 6) e: *Aceitou pois Davi [...], e disse-lhe: Vai-te em paz para a tua casa [...]* (*Primeiro Livro dos Reis*, 25, 35).

A palavra *Shalom* vem da palavra-raíz *Salam*, que significa estar-bem, estar completo, são e salvo. *Shalom* também é usada para indagar sobre o bem-estar de uma pessoa, do seu estado de saúde ou qualidade de vida. Leia-se: *Disse Jacó aos pastores: Irmãos, [...]. Disseram eles: Conhecemos. Está ele bom? ajuntou Jacó. Está bom, responderam eles [...]* (*Gênesis*, 29, 6) e: *José os saudou também, mostrando-lhe bom rosto, e lhes perguntou: É ainda vivo vosso pai, aquele bom velho, de que vós me falastes? Passa ele bem? [...]* (*Gênesis*, 43, 27-8).

Nas *Sagradas Escrituras* há mais passagens que se referem à paz. Consoante elas, como se pode encontrar a paz: *Apega-te, pois, a Deus, e tem paz, e assim te sobrevirá o bem* (*Jó*, 22, 21). A paz é um resultado da obediência às leis de Deus: *Muita paz têm os que amam a tua lei, e não há nada que os faça tropeçar* (*Salmo* 119, 165) e: *Implore-se a paz para Jerusalém! Vivam na segurança os que te amam* (*Salmo* 121, 6).

Encontrada a paz, como proceder para mantê-la? Foi-se o antigo erro: *tu conservarás a paz: a paz, porque em ti havemos esperado* (*Isaías* 26, 3-4). Leia-se: *Bem-aventurados os pacificadores, porque eles serão chamados filhos de Deus* (*Evangelho de*

Mateus, 5, 9). Mais: *Deixo-vos a paz, a minha paz vos dou; eu não vo-la dou como o mundo a dá. Não se turbe o vosso coração, nem se atemorize* (*Evangelho de João* 14, 27). E: *Justificados pois pela fé, tenhamos paz com Deus por meio de nosso Senhor Jesus Cristo* (*Epístola de Paulo aos Romanos* 5, 1), e também: *Pelo que sigamos as coisas que são de paz [...]* (*Id.* 14, 19).

A harmonia entre Deus e os homens, e dos homens entre si, foi destruída por Adão. Pelo pecado cometido nos tornamos inimigos de Deus: *[...]. Porque se, sendo nós inimigos, fomos reconciliados com Deus pela morte de seu Filho, [...]* (*Epístola de Paulo aos Romanos*, 5, 10).

O Messias prometido então foi aguardado como o reconciliador e pacificador dos homens. Nosso Senhor e Salvador trouxe-nos a tão desejada paz para quem o recebesse: *Glória a Deus no mais alto dos céus, e paz na terra aos homens de boa vontade* (*Evangelho de Lucas*, 214), e: *A paz vos deixo, a minha paz vos dou, e eu não vo-la dou como a dá o mundo* (*Evangelho de João*, 14, 27).

A paz foi o precioso fruto de seus sofrimentos e morte: *E estando ainda falando nisto, apresentou-se Jesus no meio deles, e disse-lhes: Paz seja convosco: sou eu, não temais* (*Evangelho de Lucas*, 24, 36). A alma do cristão deveria gozar a paz de Cristo: *E a paz de Deus, que sobrepuja a todo o entendimento, guarde os vossos corações* (*Epístola de Paulo aos Filipenses*, 4, 7), e: *Mas sobre tudo isso, revesti-vos de caridade, que é o vínculo da perfeição: e triunfe em vossos corações a paz de Cristo, [...]* (*Epístola de Paulo aos Colossenses*, 3, 14-5), porque Deus é o Deus da paz: E o mesmo *Deus de paz vos santifique em tudo [...]* (*Primeira Epístola de Paulo aos Tessalonicenses*, 5, 23).

Cristo ensinou aos Apóstolos a desejarem a paz a todos com quem entrassem em contato: *E ao entrardes na casa, saudai-a dizendo: Paz seja nesta casa* (*Evangelho de Mateus*, 10, 12). Até mesmo Cristo saudou seus discípulos com esta expressão: *Pax vobis. Estando ainda falando nisto, apresentou-se Jesus no meio deles, e disse-lhes: Paz seja convosco. Sou eu, não temais* (*Evangelho de Lucas*, 24, 36) e: *[...], pôs-se em pé no meio deles, e disse-lhes: A paz seja convosco* (*Evangelho de João*, 20, 21-6).

O apóstolo Paulo, no começo de suas cartas, deseja aos cristãos a mesma paz: *Se pode ser, quanto estiver de vossa parte, tende paz com todos os homens; [...]* (*Epístola de Paulo aos Romanos*, 12, 18); *Trabalhando cuidadosamente por conservar a unidade de espírito pelo vínculo da paz* (*Epístola de Paulo aos Efésios*, 4, 3) e: *Segui a paz com todos, e a santidade, sem a qual ninguém verá a Deus* (*Epístola de Paulo aos Hebreus*, 12, 14). Isso por ser uma das características de quem pertence a Cristo.

Ano de 2022*

TEMA: **Fraternidade e Educação**

LEMA: **Fala com sabedoria, ensina com amor (*Provérbios*, 31, 26)**

O lema tem como fundamento o versículo 26, do capítulo 31, do livro *Provérbios*.

Como sou o único responsável por esta obra – *Campanhas da fraternidade (temas e lemas) à luz da Bíblia e outros textos 1964–2023* –, e a ela venho me dedicando através dos anos, em uma primeira empreitada ocupei-me dos anos de 1964 a 2000; em outra, desse ano ao de 2010, e tendo havido retomada no ano de 2018, a partir de então até o corrente ano, evidente, para minha segurança nas citações e referências, afirmo que tenho exemplares da *Bíblia* de várias traduções e editoras (além das referidas) e adotadas pela tradição católica, apostólica e romana, e por outras, por exemplo, sem o *nihil obstat*, seguindo-se o *imprimatur*. E todas, como se sabe, para o *Antigo Testamento*, baseadas nos escritos em hebraico, exceto algumas partes de *Daniel*, *Esdras e Jeremias*, escritas em aramaico (posteriormente o siríaco), e os livros da *Sabedoria* e *Segundo dos Macabeus*, escritos em grego; já o *Novo Testamento* foi escrito em judaico-grego, exceto o *Evangelho de Mateus*, escrito em aramaico, e logo após a escrita traduzido para o grego.

* Vejam-se os anos de 1982: *Tema*: Educação e Fraternidade e 1998: *Tema*: Fraternidade e Educação.

Qualquer divergência nessas informações, acatasse-as.

Com essa limitada justificativa quero referir que, em publicações ditas católicas, apostólicas e romanas, o mencionado versículo tem, por exemplo, estas traduções: *Abriu a sua boca com sabedoria, e a lei da bondade está em sua língua.* E: *Ela abriu a sua boca à sabedoria, e a lei da clemência está na sua língua*, sendo que em uma tradução católica, antes da menção do capítulo 31, consta esta observação: *Apêndice II. Provérbios de Lamuel*, e com nota de rodapé que os versículos 10 a 31 "são um poema à mulher perfeita".

Como o enfoque é a educação, sabe-se que *paideia* (em grego clássico: παιδεία), é a denominação do sistema de educação e formação ética da Grécia Antiga, que incluía temas como Ginástica, Gramática, Retórica, Música, Matemática, Geografia, História Natural e Filosofia, objetivando a formação de um cidadão perfeito e completo, capaz de liderar e ser liderado e desempenhar um papel positivo na sociedade.

É na língua latina que se encontra a origem da palavra educação: *educatio*, *-onis*, substantivo feminino, em sentido próprio, como sendo a ação de criar e em sentido figurado significando educação, instrução. Educador – *educator*, *-oris* –, diz-se de quem cria, alimenta, o pai, o educador, o preceptor.

Subentende-se, pois, que educação, no sentido do lema, refere-se a alguém que fala com sabedoria e ensina com amor.

De acordo com os índices das várias publicações da *Bíblia*, pelos verbetes encontrados e pesquisas nas mais diversas fontes, o tema educação tem conotações com finalidade;

com o método e o meio: o amor, a correção, o aconselhamento pelos escritores também com castigos corporais, com a discrição, com a mansidão, com a firmeza, com a constância, com a paciência, com o exemplo, etc; com a obrigatoriedade, com a responsabilidade, com a eficácia, com a satisfação pessoal, com e como recompensa, etc, e, também, o que seja a má educação.

E estas palavras, que hoje eu te intimo,
estarão no teu coração;
e tu as ensinarás a teus filhos,
e as meditarás, [...].
(*Deuteronômio*, 6, 6 e 7)

Não se aparte de tua boca o livro desta lei;
mas meditarás nele dia e noite,
para observar e cumprir tudo o que nele está escrito: [...].
(*Josué*, 1, 8 e 9)

[...]; Agora, pois, ó filhos, sede zeladores da lei,
e dai as vossas vidas pela aliança feita com vossos pais;
lembrai-vos das obras que fizeram vossos maiores,
em seu tempo e recebereis uma grande glória
e um nome eterno.
(*Primeiro Livro dos Macabeus*, 2, 50 e 51)

E disse ao Senhor:
Eis, o temor do Senhor é a sabedoria,
e apartar-se do mal é a inteligência.
(*Jó*, 28, 28)

Quem é sábio? Observe estas coisas,
e saiba discernir o amor do Senhor!
(*Salmo* 106, 43)

Ensina-me a bondade, a doutrina e a ciência,
porque dei crédito aos teus mandamentos.
(*Salmo* 118, 66)

O temor do Senhor é o princípio da sabedoria.
Os insensatos desprezam a sabedoria e a doutrina.
(*Provérbios*, 1, 7)

Ouve, meu filho,
as instruções de teu pai,
e não abandones a lei de tua mãe.
(*Provérbios*, 1, 8[ss])

Bem-aventurado o homem
que adquiriu a sabedoria,
e que está rico de prudência.
(*Provérbios*, 3, 13)

Não abandones a sabedoria,
e ela te guardará;
ama-a, e ela te conservará.
Como primeiro bem,
adquire a sabedoria
e a custo de tudo procura o entendimento.
(*Provérbios*, 4, 6 e 7)

Dá ao sábio conselhos,
e se lhe acrescentará sabedoria:
ensina ao justo,

e ele se apressará em aprender.
O princípio da sabedoria é o temor do Senhor,
e a ciência dos santos é a prudência.
(*Provérbios*, 9, 9 e 10)

O que guarda a disciplina,
está no caminho da vida;
o que, porém, não faz caso das repreensões,
anda errado.
(*Provérbios*, 10, 17)

Aquele que ama a correção,
ama a ciência,
mas o que odeia as repreensões é um insensato.
(*Provérbios*, 12, 1)

Aquele que poupa a vara
quer mal a seu filho;
mas o que ama corrige-o continuadamente.
(*Provérbios*, 13, 24)

Quem guarda sua boca e sua língua,
preserva a sua alma de angústias.
(*Provérbios*, 21, 23)

Diz o provérbio: O homem,
seguindo o caminho que tomou sendo jovem,
não se afastará dele, mesmo quando velho.
(*Provérbios*, 22, 6)

A loucura está ligada ao coração do menino,
mas a vara da disciplina a afugentará.
(*Provérbios*, 22, 15)

Ouve, meu filho, e sê sábio;
e dirige tua alma pela senda direita.
(*Provérbios*, 23, 19)

A vara e a correção dão sabedoria;
o menino, porém, abandonado à sua vontade,
é a vergonha de sua mãe.
(*Provérbios*, 29, 15)

Porque é desgraçado
o que rejeita a sabedoria e a instrução;
a esperança destes maus é vã,
os seus trabalhos sem fruto
e inúteis as suas obras.
(*Sabedoria*, 3, 11)

[...]; e os que tiverem aprendido o que eu ensino,
acharão com que responder.
[...]. O princípio da sabedoria
é um desejo sincero da instrução.
Mas o cuidado da instrução é o amor;
o amor é a observância das suas leis;
a observância destas leis
é a consumação da imortalidade.
Recebei, pois, a instrução
por meio das minhas palavras,
e ela vos será proveitosa.
(*Sabedoria*, 6, 11 a 18 e 19 a 27)

Aquele que ama o seu filho,
castiga-o com frequência,

para que se alegre com isso mais tarde.
[...].
Não lhe dês larga em sua mocidade,
e não dissimules as suas travessuras.
Encurva-lhe a cerviz na mocidade,
e bate-lhe na ilharga enquanto é menino,
[...].
(*Eclesiástico*, 30, 1, 11 e 12)

Ora Deus deu a estes jovens
a ciência e o conhecimento de todos os livros
e de toda a sabedoria.
(*Daniel*, 1, 17)

[...]; porque seus pais,
como eram justos,
tinham instruído sua filha,
segundo a lei de Moisés.
(*Daniel*, 13, 2 e 3)

Porque tudo o que foi escrito,
para nosso ensino foi escrito,
a fim de que, pela paciência
e consolação que nos dão as Escrituras,
tenhamos esperança.
(*Epístola de Paulo aos Romanos*, 15, 4)

Mas tu persevera no que aprendeste
e que te foi confiado,
sabendo de quem aprendeste;
desde a infância

tiveste conhecimento das sagradas letras,
que te podem instruir para a salvação,
pela fé que está em Jesus Cristo.
(*Segunda Epístola de Paulo a Timóteo*, 3, 14 e 15)

Se algum de vós necessita de sabedoria,
peça-a a Deus,
que a todos dá liberdade
e não lança em rosto,
e ser-lhe-á concedida.
(*Epístola de Tiago*, 1, 5)

A sabedoria, porém, que vem do alto,
primeiramente é pura,
depois pacífica, modesta, condescendente,
cedendo aos (*conselhos dos*) bons,
cheia de misericórdia e de bons frutos,
não critica, não é dissimulada.
(*Epístola de Tiago*, 3, 17)

Ano de 2023*

TEMA: Fraternidade e fome

LEMA: Dai-lhes vós mesmos de comer (*Evangelho de Mateus*, 14, 16)

Fraternidade, do Latim: *fraternitas, -tatis*, substantivo feminino, em sentido próprio: fraternidade, parentesco entre irmãos, assim em *Lœtius* ou *De Amicitia* (5, 6, 12) de Cícero, e em sentido figurado: fraternidade, união entre os povos, conforme *Anais* (11, 25) de Tácito. De sua vez o substantivo masculino, em Latim *frater, -tris*, que dá origem a *fraternitas*, as acepções são várias: em um primeiro sentido significa irmão (por sanguinidade, sendo o parentesco precisado por um epíteto: *germanus, geminus, uterinus*); assim *frater geminis*, como se encontra em *Pro Cluentio* (46), de Cícero, irmãos gêmeos; em *Fastos* (1, 707) de Ovídio, lê-se: *dii fratres*, alusão aos irmãos Castor e Pólux; já em *Verrinas* (4, 25), de Cícero tem-se: *frater patuelis*, irmão por aliança, primo coirmão; como membro de uma irmandade ou colegiado, aparece em *História Natural* (18, 6), de Plínio, o Velho, também significando termo de carinho; querendo dizer-se irmão querido, recorre-se também a *Verrinas* (3, 155); e no plural – *irmãos* – o irmão e a irmã, tal como escreve Tácito, em *Anais* (12, 4) e no sentido de aliados, confederados, como em *Bellum Gallicum* (1, 33, 2), de César.

* Vejam-se os anos de 1975: *Tema*: Fraternidade é repartir; *Lema*: Repartir o pão e 1985: *Tema*: Fraternidade e fome; *Lema*: Pão para quem em fone.

Poderia reportar-me ao adjetivo *fraternus*, *-a*, *-um*, e exemplificar os usos desde os mesmos clássicos latinos.

À luz bíblica, colhe-se:

a) *em sentido sanguíneo genérico:*

Disse, pois, Abrão a Lot:
Peço-te que não haja contendas entre mim e ti,
nem entre os meus pastores e os teus pastores,
porque somos irmãos.
(*Gênesis*, 13, 8)

Os povos te serviam,
e as tribos te reverenciem;
sê o senhor de teus irmãos.
(*Gênesis*, 27, 29)

Moisés, chamando Misael e Elisafan,
filhos de Oziel, tio de Arão, disse-lhes:
Ide, tirai vossos irmãos de diante do santuário, [...].
(*Levítico*, 10, 4)

Estando eles sentados,
disse ao seu parente:
Noemi, que voltou do país de Moab,
está para vender uma parte do campo de Elimelec,
nosso irmão, [...].
(*Rute*, 4, 3)

Estando Ele ainda a falar ao povo,
eis que sua Mãe e seus irmãos se achavam fora,
desejando falar-lhe.
Alguém disse-lhe:

Tua Mãe e teus irmãos
estão ali fora e desejam falar-te.
Ele, porém, respondendo ao que lhe falava,
disse-lhe: Quem é minha Mãe
e quem são meus irmãos?
(*Evangelho de Mateus*, 12, 46-8)

b) *em sentido étnico:*

Naqueles dias, sendo Moisés já grande,
saiu a visitar seus irmãos;
e viu sua aflição [...].
(*Êxodo*, 2, 11)

c) *em sentido estrito:*

O Senhor irou-se contra Moisés, e disse:
Eu sei que Arão, teu irmão levita, [...].
(*Êxodo*, 4, 14)

Ora Isaí disse a seu filho Davi:
Toma para teus irmãos
um efá de grão de pão torrado
e estes dez pães
e corre a levá-los a teus irmãos [...].
(*Primeiro Livro do Reis*, 17, 17)

d) *no sentido de irmãos de Cristo* (*Evangelhos*):

Em Mateus, além do colhido supra:
Respondendo o Rei, lhes dirá:
Na verdade vos digo que todas as vezes
que vós fizestes isto a um destes meus irmãos [...].
(*Evangelho de Mateus*, 25, 40)

Não temais;
ide, avisai meus irmãos,
para que vão à Galileia, lá me verão.
(*Evangelho de Mateus*, 28, 10)

Disse-lhe Jesus:
Não me toques,
porque ainda não subi para meu Pai;
mas vai a meus irmãos [...].
(*Evangelho de João*, 20, 17)

Por esta causa
não se envergonha de lhes chamar irmãos,
dizendo: anunciarei o teu nome aos meus irmãos;
louvar-te-ei no meio da assembleia dos meus irmãos. [...].
(*Epístola aos Hebreus*, 2, 11-2)

e) no sentido de os cristãos entre si:

Mas vós não vos façais chamar rabi,
porque um só é o vosso Mestre,
e vós sois todos irmãos. [...].
(*Evangelho de Mateus*, 23, 8)

Simão, Simão,
eis que satanás vos busca com instância
para vos joeirar como trigo;
mas eu roguei por ti,
para que a tua fé não desfaleça;
e tu, uma vez convertido,
conforta os teus irmãos.
(*Evangelho de Lucas*, 22, 31-2)

Fome, do substantivo feminino latino *fames, -mis*, em sentido próprio fome, como se encontra em *De Divinatione* (2, 73), de Cícero, daí significando penúria, falta de víveres, indigência, como em *Epistulæ ad Atticum* (5, 21, 8), também de Cícero e em sentido figurado: desejo violento, avidez, paixão, em *Eneida* (3, 57), de Vergílio. Tem-se, então, por derivação, o substantivo masculino *famélico*: *famelicus*, o que tem fome, o faminto, como se lê em *Eunuchus* (260), de Terêncio. E o adjetivo *famelicus, -a, -um*, em sentido próprio: quem tem fome, faminto, esfomeado, de acordo com Plauto, em *Rudens* (311) e em sentido figurado: magro, parco, conforme Apuleio, em *Metamorfoses* (1, 26).

Sobreveio porém,
uma fome no país;
e Abrão desceu ao Egito,
para aí viver algum tempo,
porque a fome dominava no (seu) país.
(*Gênesis*, 12, 10)

Sobrevindo, porém,
uma fome naquela terra [...].
(*Gênesis*, 26, 1)
Obs. Isso no tempo de Isaac.

É do *Gênesis* (41, 27[ss]), em todo o *Antigo Testamento*,
a mais célebre fome, profetizada por José, no Egito.
O Senhor mandará sobre ti a fome
e a carestia, [...].
(*Deuteronômio*, 28, 20)

Serão consumidos pela fome,
e as aves os devorarão
com as suas mais cruéis mordeduras; [...]
(*Deuteronômio*, 32, 24)

[...] depois que eu tiver quebrado o bastão do vosso pão,
de forma que dez mulheres cozam os pães num só forno
e os distribuam por peso;
e vós, comendo-o, não fiqueis satisfeitos.
(*Levítico*, 26, 26[ss]).

Dois males são os que te sobrevieram;
quem se condoerá de ti?
A desolação e o extermínio,
a fome e a espada; [...]
(*Isaías*, 51, 19)

Houve uma grande fome em Samaria.
O cerco durou tanto,
que se chegou a vender
a cabeça de um jumento
por oitenta moedas de prata
e a quarta parte dum cab de esterco de pombas
por cinco moedas de prata.
(*Segundo Livro dos Reis*, 6, 26 a 30).

Ó rei, meu senhor,
estes homens procederam mal em tudo
quanto fizeram contra o profeta Jeremias,
pondo-o na cisterna,
para que ali morra de fome, [...].
(*Jeremias*, 38, 9)

Mas, no mês quarto, aos nove do mês,
apoderou-se a fome da cidade,
e não havia víveres para o povo da terra.
(*Jeremias*, 52,6)

Todo o seu povo está gemendo,
e mendigando pão; [...].
(*Lamentações*, 1, 11)

Levanta-te, louva de noite, [...]
levanta as tuas mãos para ele,
pela vida dos teus filhinhos,
que caíam mortos de fome
a todos os cantos das ruas.
(*Lamentações*, 2, 19)

Bem-aventurados os que têm
sede e fome de justiça,
porque serão saciados.
(*Evangelho de Mateus*, 5, 6)

Porque se levantará nação contra nação,
e reino contra reino;
haverá terremotos em diversas partes e fome.
(*Evangelho de Marcos*, 13, 8)

A título de epílogo

Do Latim *epilogus, -i*, substantivo masculino que significa epílogo, peroração, não com o sentido de um discurso, tal como conceituou Cícero em *Brutus* (137), e nem mesmo como consta, em boas letras sacras na *Introdução ao Eclesiastes* (p. 709), na já referida *Bíblia Sagrada* (Edições Paulinas, 39a edição, São Paulo, 1982), mas porque o verbo *cahal*, no particípio, significa reunir, convocar, e nem por sequer um mínimo naco de pão seco, pretender ter-me conduzido como "orador que fala na assembleia" - que poderia ser em qualquer lugar nesta Terra criada por Deus –, mas como simples cristão e poeta, durante os anos, como noticiado, dediquei-me a colher, embora a seara seja inesgotável, alguns feixes entendidos como os da boa semente e lançada em boa lavoura, para, a meu modo e estilo, que os sei precários e limitados, como contribuição exclusivamente pessoal, de acordo com a dualidade de crença e de ofício, imbuir-me e deixar a colheita para quem não apenas viver na fé, mas das (boas) obras que a razão (por opção), me orienta desde então, a seguir.

Optei pela forma em *verso* e sei perfeitamente o que se entende por *versículos*, no caso bíblicos. Entre os "outros textos", sem justificar-me Poeta, em várias *Campanhas*, contribuí com poemas na espécie soneto e outros moldes na ocorrente poemática.

Pelo do pouco, suficiente e necessário que há neste celeiro, tal como Cohelet (ou Qohelet), embora haja deploração, em várias espigas, a respeito da ignorância humana, como causa de não poucas aflições, e a importância da razão para solucionar os mais cruciantes problemas da vida e para dar a felicidade plena, não (se) nega, todavia, a possibilidade de chegar(-se) ao conhecimento de muitas "coisas", e, sobretudo, ter(-se) fé inabalável em Deus, na sua ação no universo e na sociedade humana radicada na criação edênica.

Ex toto corde,
Laus Deo.

Alguns dados biobibliográficos

Artêmio Zanon nasceu no dia 12 de maio de 1940, em Perdizes, 9° Distrito de Campos Novos, atual Município de Videira, Santa Catarina, Brasil. É filho de Luiz Zanon e de Amabile Santina Bottega Zanon.

DADOS GERAIS

Infância, até os doze anos incompletos, rude, lavoureira; onde nasceu não havia luz elétrica, só sendo instalada na localidade de Rio das Pedras, também conhecida como Santa Lúcia, quando tinha de sete para oito anos.

DOCUMENTAÇÃO

» Cadastro Nacional de Pessoa Física: 141.842.819-15.

» Registro Geral, Secretaria de Estado de Segurança Pública: 11/R-203.831 (expedida em 23-5-1972), Santa Catarina.

» Ordem dos Advogados do Brasil, Seção de Santa Catarina, n. 1273 (jubilado em 12 de maio de 2010).

» Título de Eleitor: n. 101615609/22, 100ª Zona, Seção 50ª, Santa Catarina.

» Certificado Militar de Reserva de 1ª Categoria, n. 436.262, Série C, apto. a 3° Sargento da Reserva Nacional, QMG – Qualificação Militar Geral nas armas de Infantaria e QMP – Qualificação Militar Particular 029, como Combatente – expedido na data de 31 de outubro de 1964, no Rio de Janeiro, pelo 1° Batalhão da Polícia do Exército – 1ª Região Militar, era Comandante do 1° Batalhão de Polícia do Exército – BPE –, o Tenente Coronel Domingos Ventura Pinto Júnior (ex-integrante da Força Expedicionária Brasileira, nos campos de lutas na Itália). Pediu baixa antes da promoção a Sargento, pois, por concurso público, foi aprovado para o cargo de Escrivão de Polícia Civil naquele Estado, anos de 1964 a 1970, tendo chegado ao final da carreira, para a categoria funcional, quando pediu exoneração, passando a residir em Florianópolis, SC.

FORMAÇÃO ESCOLAR

» Cartilha (em 1947) e 1ª à 4ª séries (anos de 1948 a 1951), em Rio das Pedras, Videira, SC; Admissão ao Ginásio (1952), Carazinho, RS; Ginásio, 1ª série (1953), Ginásio La Salle, Carazinho, RS; Ginásio, 2ª à 4ª série (1954-6), internato La Salle, Canoas, RS; Em 1957, em Flores da Cunha, RS, estudos dogmáticos; Curso de Formação de Professores para o Ensino Primário (1958 a 1960), na Escola Normal La Salle, Canoas, RS; Curso Técnico em Contabilidade: 1ª série (1961,) Videira, SC; 2ª e 3ª séries (1962–3), em Videira e Joaçaba, SC, e Guanabara, respectivamente no Colégio Imaculada Conceição, no Colégio Frei Rogério e Colégio Estadual República Argentina, em Vila Isabel.

CURSOS E OUTRAS TITULAÇÕES:

» Faculdade de Direito na Universidade do Estado da Guanabara (1965 a 1969);

» Árbitro de Futebol formado pelo Departamento de Árbitros da Federação Carioca de Futebol (1968);

» Curso Superior de Criminologia, na Academia de Polícia Civil, Estado da Guanabara (1968);

» Curso de Perito Examinador de Trânsito, na Academia de Polícia Civil do Estado da Guanabara (1969), fazendo parte da 1ª Turma no gênero, na América Latina;

» Curso Superior de Criminologia na Academia de Polícia Civil, Florianópolis, SC (1971), fazendo parte da 3ª Turma de Delegados de Polícia, com tal formação;

» Professor Universitário - Curso de Direito - Universidade do Planalto Catarinense, a partir de 1986: concursado nas disciplinas de

Direito Penal e Direito Processual Penal, sendo também Professor Responsável pelas disciplinas de Criminologia e Execução Penal e habilitado para as disciplinas de Direito Familiar e Sucessões;

» Nos anos de 1968 e 1969 (dois últimos do curso de direito), foi solicitador pela Ordem dos Advogados do Brasil Seção da Guanabara;

» *Em 1972, quando cursava a Academia de Polícia Civil, em Florianópolis, foi o 1° Assessor Técnico e Jurídico do Conselho Estadual de Trânsito de Santa Catarina; após a conclusão do curso, foi nomeado Delegado de Polícia em Itajaí, SC;

» De 1965 a 1975, publica artigos semanais no jornal *O Vale*, de Videira, SC;

» Em 1972, prestou concurso público de provas e títulos para o Ministério Público do Estado de Santa Catarina, tendo sido aprovado e nomeado para a Circunscrição de Joaçaba, no início de 1973;

» Curso de Formação Política, período de abril a junho de 1997 - "III Curso de Formação Política", Lages, SC.;

» Em 26 de agosto de 1985, aposentou-se como Promotor de Justiça de Entrância Especial pelo Ministério Público de Santa Catarina; *Desde a aposentadoria exerceu plenamente a Advocacia, tendo sido jubilado em 12 de maio de 2010, continuando a advogar por mais alguns anos;

» É pós-graduado *lato sensu* em Direito pela Universidade Federal de Santa Catarina/Universidade do Planalto Catarinense, com conceito "A", em todas as matérias do curso.

ATIVIDADE LITERÁRIA

Obras individualmente

Poesia

» Canção da Vida Amor (1969)

» No Caminho da Vida (1973)

» A Execução da Lavra e O Gato (1974)

» Evangelho dos Amantes – Cem sonetos do mais profundo amor (Escritos em 1959 e reescritos e publicados em 1981; 2ª e 3ª ed., 2006; 4ª ed. 2007; 5ª ed. 2007; 6ª ed., 2009; 7ª ed., 2012 e 8ª ed. 2014). 9ª ed., no prelo

» Homem com Medo e Poeta Triste... (1981)

» Um Ciclo o Coração (1981)

» O Ciclo da Imagem (1984)

» O Menino da Infância aos Quarenta (1991)

» Cinco Poemas Dramáticos: A Rosa Ferida – Romança da Bengala Amarela – Enquanto o Filho não Nasce – Da Morte e da Guerra e Catariníada (1998)

» Tempo de Execução (2000)

» Canto da Terra-Homem (2001)

» Lavoura Poética. Reedição de: Canção da Vida amor; No Caminho da Vida; A Execução da Lavra; O Gato e Homem com Medo e Poeta Triste... (2002)

» Contemplário de Gaivotas (2003)

» Primeira messe poética dos verdes anos: Messe poética dos verdes anos – I (2005)

» Asas noturnas: Messe poética dos verdes anos – II (2005)

» Voz da saudade: Messe poética dos verdes anos – III (2005)

» Sinfonia poética noturna: Messe poética dos verdes anos – IV (2005)

» Breves cantares de solidão: Messe poética dos verdes anos – V (2005)

» Arca de Salvação (2007)

» Cisnes (2008)

» Sonetos para Imortais – Patronos da Academia Catarinense de Letras (2008)

» Árvore de mim mesmo (2009)

» Voar de asas: Messe poética dos verdes anos – VI (2010)

» Minhas Horas Cristãs: Messe poética dos verdes anos – VII (2012)

» Somos Pouco Todos Nós (2012)
» Ossos do Dia (2014)
» Cantata Lírica para Melânia e Outros Cantares (2014)
» Meus Sonetos Cristãos (2015)
» Sou Alfa & Ômega (2016)
» Patronos da Academia Brasileira de Letras em Sonetos (2019)
» Poesia Avulsa (2021)
» Os declarados ausentes (2022)

Conto

» No Plantão Daquela Sexta-feira (1981, 2ª ed. 2021)
» O Sétimo Dia (1984)
» Bichos & Humanos (2010)

Teatro

» Auto da Língua – Teatro tragicômico com proscênio e três atos (em redondilha maior, 2010)

Ensaios e outros

» Tributo a Theobaldo Costa Jamundá (2004)
» Marcos Konder Reis: Poeta da Infância Revivida (2004)
» Morais Lopes: Poeta Iluminado (2004. Portugal)
» Pinheiro Neto: o Poeta – o Poema – a Poesia (2006)
» Maria José Fraqueza, Moura Encantada Algarvia (2007. Portugal)
» Octacílio Schüler Sobrinho, Cidadão Exemplar (2007)
» Poesia completa de Dó (2011)
» Idade 21 – Walmor Cardoso da Silva – Sessenta anos depois (2011)
» Luiz Barboza Nato: Poeta romântico-parnasiano atemporal (2013)
» Dez Anos na Academia Catarinense de Letras: Discurso de Recepção e de Posse (2013)

» Estudos da poética e da poemática de epopeias, de poemas épicos e de poemas heroicos da literatura brasileira (2018. Prêmio Elisabete Anderle de Literatura, FCC, 2 volumes)
» Nilson Mello (Príncipe do teatro e do conto infantil catarinense): poesia reunida. (ensaio. Editora Secco, Florianópolis, SC, 2019)
» Escorços biobibliográficos dos Patronos e das Patronas da Academia São José de Letras (Editora Secco, Florianópolis, 2021)
» Ecos às Minhas Vozes (2021)

Letras de hinos

» Letra do Hino da entidade Lítero-Cultural Dom Aquino Corrêa, da Escola Normal La Salle, Canoas, RS, 1958
» Letra do Hino do Município de Capão Alto, SC
» Letra do Hino do Município de Ibiam, SC
» Letra do Hino do Município de Pouso Redondo, SC
» Letra do Hino da Academia Desterrense de Letras, Florianópolis, SC
» Letra do Hino em Comemoração do Centenário da Academia Catarinense de Letras (1920–2020)

Jurídicos

» Assistência Judiciária Gratuita (1985. Esgotada)
» Da Assistência Jurídica Integral e Gratuita (1990. Esgotada)
» Introdução à Ciência do Direito Penal (1997, 2ª ed., 2000. Esgotada)

Obras coletivamente

» Poetas Brasileiros Atuais (poesia, 1974)
» A Literatura de Santa Catarina (edições de 1979 e 1985)
» Outros Catarinenses Escrevem Assim (poesia, 1979)
» Presença da Poesia em Santa Catarina (1979)
» Contistas e Cronistas Catarinenses (1979)

» Contos e Poemas (1979)

» 21 Dedos de Prosa (contos, 1980)

» Enciclopédia Grandes Vultos Catarinenses – Biografias, Volume I (1983)

» A Nova Poesia Brasileira (poesia, 1983)

» Contos e Poemas (1983)

» Poesia Sertaneja (poesia, 1984)

» A Prosa e o Verso do Pescador (1985)

» Sinfonia Poética e Prosa (Coletânea da Academia São José de Letras, SC. Nas doze edições)

» Contos de Advogados – O Advogado e a Literatura – OAB/SC (1999)

» Dicionário Biobibliográfico de Escritores Brasileiros Contemporâneos (Adrião Neto, Teresina, PI, 1999)

» Escritores Brasileiros Contemporâneos em Prosa e Verso (Adrião Neto, Teresina, PI, 1999)

» Poesias de Advogados – O Advogado e a Literatura – OAB/SC (2000)

» Círculo de Mistérios – O Conto Policial Catarinense (2000)

» JALONS (4ème trimestre 2000, Vichy, França)

» Il Convívio – Trimestrale di Poesia Arte e Cultura dell Accademia Intenazionale "Il Convívio" (2002, Castiglione di Sicília, Itália)

» Crônicas de Advogado – O Advogado e a Literatura – OAB/SC (2001)

» Poesia Contemporânea em Santa Catarina (2003)

» Antologia n. 2 – Academia Catarinense de Letras (2004)

» Poesia Contemporânea em Santa Catarina (2005)

» Sociedade dos Poetas Advogados (2005. Coletânea)

» Revista da Academia Catarinense de Letras (em todos os números a partir de 2004)

» Boletim Informativo O Trinta-réis, órgão de divulgação da Academia São José de Letras, São José, Estado de Santa Catarina, desde a fundação (24 de abril de 1996, ate o número 100, quando parou de circular)

- Antologia Literária de O Trinta-réis (dos números 1 a 50, de 1996 a 2010) da Academia São José de Letras, SC, 2010
- Luz na Oficina. Coletânea: Coparticipação de associados da Associação Catarinense do Ministério Público (Nova Letra Editora, Florianópolis, SC, 2015)
- Entre estantes e entre tantos: histórias inusitadas na biblioteca da UFSC (Coletânea. Coparticipação. Série Memórias Contadas, v. 1. Publicações UFSC – Biblioteca Universitária, Florianópolis, SC, 2017)
- Primeira Coletânea Literária Academia Desterrense de Literatura. Editora Papa-Livro, Florianópolis, SC, 2022

Prêmios e honrarias culturais

- Duas Menções Honrosas, poemas, 1968, Academia de Letras do Vale da Paraíba, Taubaté, SP
- Menção Honrosa, poemas, concurso literário Academia Rubino de Oliveira, Sorocaba, SP
- Segundo lugar no concurso literário "Março, dez Anos Construindo o Brasil: A Polícia Militar de Santa Catarina e a Segurança da Sociedade" (ensaio, 1974)
- Prêmio Virgílio Várzea, concurso (contos, 1° lugar, 1975)
- Menção Honrosa, Prêmio Fernando Chinaglia (contos, 1977)
- Menção Honrosa, Prêmio Virgílio Várzea (contos, 1979)
- Prêmio de Poesia Felipe de Oliveira, Santa Maria, RS, com o soneto O Gato (1982)
- Diploma Amigo do 6° Batalhão da Polícia Militar do Estado de Santa Catarina, em reconhecimento por relevantes serviços prestados como colaborador da organização Policial Militar e em prol da Segurança Pública na Região Serrana. Em Lages, SC, 11 de novembro de 1997
- Prêmio Raimundo Corrêa, da Shogun Arte, Rio de Janeiro (poesia,1982)
- Prêmio de poesia Luiz Delfino, primeiro lugar, com o livro O Ciclo da Imagem, Fundação Catarinense de Cultura (1983)

» Prêmio Virgílio Várzea, segundo lugar, contos incluídos na obra O Sétimo Dia (1983)

» Menção Honrosa, 1° Concurso Catarinense de Literatura Pesqueira (contos, 1985)

» Primeiro lugar, Concurso Catarinense de Literatura Pesqueira (conto, 1989)

» Primeiro lugar, O Advogado e a Literatura - Contos de Advogados, com o conto Flor Vermelha, OAB/SC Editora, Florianópolis, SC, 1999 (obs. foi "desclassificado" por não ter observado o regulamento. Concorreu com três contos, e todos foram classificados)

» Primeiro lugar, O Advogado e a Literatura - Poesias de Advogados, com o poema Rapsódia Poética em seis Movimentos, OAB/SC Editora, Florianópolis, SC (2000)

» Homenagem Especial pela obra Tempo de Execução (poesia), pela Academia Catarinense de Letras, nas premiações do ano de 2000

» Medalha de Ouro, conto classificado entre os dez num total de mil duzentos e quarenta e três contos, XIII Concurso Nacional de Contos, edição ano 2000, da Academia Brasileira de Estudos e Pesquisas Literárias e Revista Brasília, Brasília, DF, com o conto O Louva-a-deus

» Prêmio VII Concurso Nacional de Poesia Menotti Del Picchia, São Paulo, Physis Editora Ltda, edição ano 2000

» Prêmio Homenagem Especial da Academia Catarinense de Letras, pela obra Tempo de Execução, ano 2000

» Comenda Mérito Cultural Josefense, concedida pela Câmara de Vereadores de São José, SC, em Sessão Solene, na data de 23 de abril de 2002

» Prêmio Centenário de Nascimento do Presidente Juscelino Kubitschek, com dois poemas: Revista Brasília, Ano 26, n. 92, p. 47

» Medalha Centenário de Nascimento do Presidente Juscelino Kubitschek (1902-2002), como destaque na atuação literária em Santa Catarina

» Medalha do Mérito Presidente Juscelino Kubitschek, com Diploma pela participação no movimento literário no país. Brasília, 15 de agosto de 2002

- » Premio Internazionale Il Convívio, da Accademia Internazionale Il Convívio, com "Il primo posto nella segione Curricullum e nela segione Silloge di Poesia" (concorreu com dez sonetos). E Premio ala carriera stranieri: Primo premio ex aequo: com as obras Cinco Poemas Dramáticios, Tempo de Execução e Canto da Terra-Homem, ano de 2002
- » Menção Honrosa Crônicas de Advogado – O Advogado e a Literatura –, com a crônica *Tudo por causa de uma crônica.* OAB/SC Editora, Florianópolis, SC (2001)
- » Diploma "Homenagem a Dante Alighieri", "[...] outorgado em virtude dos relevantes serviços e valiosa contribuição à Cultura Brasileira", pela Comissão de Leitura Internacional da "Edizioni Universum - EU", Casa Editrice Fondata nel 1992, com endereço: Via Italia, 6, Rocca di Caprileone (ME) 98070, Itália (2003)
- » Mérito Cultural (Academia São José de Letras), em Sessão Solene realizada no Clube Recreativo 1° de Junho, em 19 de março de 2004, pela Câmara Municipal de São José, SC
- » Homenageado na semana de estudos "Encontro Marcado 2006", na cidade de Videira, SC
- » "Prêmio Gigantes" - Orgulho em ser Brasileiro - Letras Catarinenses –, Ano V, 2006, p. 153-4, de Gustavo Siqueira, Blumenau, SC
- » Medalha do Cinquentenário da Vitória (1945–1995), da Força Expedicionária Brasileira. Secção de Florianópolis, Estado de Santa Catarina, na data de 8 de maio de 2008
- » Certificado outorgado pela Associação Literária Florianopolitana, em seu Décimo Ano de Aniversário, reconhecendo a dedicação e o voluntariado em prol da Cultura, concedendo o "Diploma de Incentivador da Literatura e das Artes", pela importância e mérito de quem lê, escreve e divulga a palavra, a música e outras expressões artísticas. Florianópolis, 19 de abril de 2011
- » Certificado de homenagem e participação do "III Congresso de Academias de Letras e das Associações de Escritores do Estado de Santa Catarina". Orleans, SC, 26 de setembro de 2009

» Medalha de Ouro concedida pela primeira vez, no ano de 2013, pela Academia de Letras dos Militares de Santa Catarina, entidade fundada em 1° de Outubro de 1912

» Medalha de Ouro e Certificado concedidos pela Academia Catarinense de Letras e Artes, na data de 16 de dezembro de 2022, premiações "Pelo Conjunto da Obra"

ENTIDADES DAS QUAIS FAZ PARTE

» da União Brasileira de Escritores de Santa Catarina

» da Associação Catarinense do Ministério Público

» da Ordem dos Advogados do Brasil – Secção de Santa Catarina

» da Academia São José de Letras, São José, Estado de Santa Catarina: cofundador da entidade, fundador e primeiro titular da Cadeira 29, cujo Patrono é Tito Lívio Carvalho

» Atual ocupante da Cadeira 37, da Academia Catarinense de Letras, Estado de Santa Catarina, empossado em 4 de abril de 2003, sendo Patrono Polidoro Olavo de São Thiago

» Membro da Federação das Academias de Letras do Estado de Santa Catarina

» Cofundador da Academia Desterrense de Literatura e Titular da Cadeira 2, cujo Patrono é Nilson Mello

Obs. A quem desejar, veja na Wikipedia, o nome Artêmio Zanon e no sítio Academia Catarinense de Letras, página Acadêmicos.

Composto pela Officio, em FreightText Pro,
para a Editora Almedina Brasil.
Sul da Ilha de Santa Catarina, junho de 2023.